U0611323

小场地大变革

德国足协青训改革与小场地对抗训练详解

著/托马斯·施塔克【德】　　译/明天 吴一尘　审/刘义

文匯出版社

托马斯·施塔克（Thomas Staack）

自学生时代在弗莱堡大学开始从事足球相关工作。在德国不同俱乐部先后担任教练员、体育总监及赛事协调员。儿童足球始终都是他的工作核心，他为德国足协的专业期刊《足球训练（青少年版）》、德国足协在线训练素材库等执笔多年。他编写的足球训练教案富有创造性并不断推陈出新。此外，他作为德国中部莱茵地区的教练员、讲师服务于德国足协；同时，作为"科隆3v3联赛"的赛事总协调，他为全新小场地比赛模式的改革推广做出了巨大贡献。

自 序

这些年来，我与德国儿童足球竞赛模式的改革颇有渊源。2017年在科隆刚开始进行改革试点的时候，有8支不同的U8球队（2011年龄段）的主教练走到了一起。每周末，这8支球队都会聚到一起进行4个小球门3v3的比赛。那时大部分其他球队还在使用七人制球门进行7v7的比赛。在听说这种全新的尝试后，我兴奋地立刻带着我的小球员们加入了进来。其实早在前一个赛季，在训练时，我就邀请附近的其他俱乐部进行过类似小比赛的尝试。带着此前积累的这些经验，我欣然加入到科隆的试点项目中。

我的青训教练生涯是2005年从德国北部小城吕贝克开始的。当时我们从汉堡的HSV俱乐部和圣保利俱乐部了解到了一种由2个迷你球门构成的4v4小比赛。此后为了参加这样的比赛，去汉堡成了我们的一种习惯。新的比赛模式下，每个孩子都有大量的触球机会。同时同地进行的比赛，还有孩子们参与其中的快乐很快也感染了我。从那时起，每次训练我都会安排小场地对抗的环节。2007年起，我开始为德国足协的在线栏目编写训练教案，他们的理念中所有训练最后的对抗比赛环节都是在人数较少的分组之下进行，这一点我非常认同。直到今天，我都坚持以这样的原则设计我的训练内容。

2017年，当时进行小场地比赛改革试点队伍的教练员们有一次在科隆的啤酒馆聚会。好奇的我也参加了这次聚会，这次聚会交流让我受益匪浅。在这次聚会中，来自科隆地区不同的足球从业者们有机会走到一起——有的来自业余球队、有的来自职业俱乐部的青训梯队。有些教练持有德国足协的教练证书，有些教练是俱乐部的青训总监，也有些教练纯粹出于兴趣爱好，并且因自己的孩子在俱乐部踢球而成为教练。大家年龄各异，过往的足球经历也各不相同。但我们所有人都有一个共同目标：为孩子们设计更合理的竞赛模式。这次的聚会氛围很棒，不同的想法和实践经验碰撞出了不少火花。最后我们决定，除了4个小球门的3v3的比赛之外，再加上一块4v4（3个球员加1个守门员）的比赛场地，并采用两个降低高度的七人制球门。理想情况下，1块标准球场上应该可以划出4块比赛场地（两种赛制各两块场地）。这样孩子们就能在一个周末体验两种不同的比赛模式，从而积累更丰富的比赛经验。这样的混合模式在改革试点项目的后半赛季大获成功，越来越多的教练和俱乐部开始接受这样的竞赛模式。往后几年，这样的试点逐渐发展成了"科隆地区3v3联赛"，这项比赛面向全科隆的孩子和俱乐部。而赛事组织也得到了各家俱乐部和地区足协的大力支持。

那次啤酒馆里的聚会也证明，只要各位教练、各家俱乐部通力合作、大胆沟通交流，并形成一致的意见，在儿童足球的领域内我们可以做出很多有益的改变。新的比赛模式不仅是一次竞技层面的改进与创新，也能积极影响全国范围内的足球文化，让各种不同的人走到一起，在沟通中换位思考，理解他人的难处，为他人提供帮助，或是创造多种不同的解决问题的思路。

很快我发现，这样的全新赛制对孩子们的日常训练也产生了积极的影响。制定训练计划时，我尝试将我的想法和新比赛模式的理念相结合，同时不断对孩子们的对抗模式进行改进和实践。我希望通过本书，将我在此过程中收获的宝贵经验分享给各位教练。孩子们应该通过大量的触球、不断的进球以及比赛中的快乐和欢笑，去真正享受这项运动。小场地，大变革。我们终于可以将将街头足球的松弛感重新带回到训练场上，重新点燃孩子们心中的热情。正是这种热情，使得足球在无数训练和比赛中成为一项和我们相伴终生的运动。

吕　军

中国足球协会高级讲师
河南足球俱乐部青训总监

序 一

　　世界足球强国之一的德国，也需要进行一场青训"大变革"？当我带着这样的疑问仔细阅读完本书后，不禁发出这样的感叹：这本书太适合当下中国足球环境下的青少年足球训练了。

　　回想起我小时候踢球，并没有"场地"的概念——摆上两个书包或两块砖头作为球门，几个小伙伴就能踢得热火朝天。这样的自由发挥让我感受到了足球带来的快乐，并深深爱上了足球这项运动。现在回忆起来，正是当年的那份快乐，为我之后能踢上职业队，且现在从事足球教练员、讲师工作打下了坚实的基础。

　　在小场地比赛中，年龄较小的球员既可以"一条龙"带球，充分展示自己各种"花式"突破，选择过掉门将再射门，也可以选择远射或助攻队友。孩子们有了更多射门和助攻的机会，自然而然会因为更多"进球带来的快乐"而热爱足球运动。同时，每个孩子得到的触球次数、1v1攻守次数、比赛时间和对抗强度都远远超过大场地比赛，小场地比赛对提高小球员的控球能力、观察能力、预判能力等都有较大的提升。反过来，枯燥无味的训练则会抹杀青少年对足球运动的热爱，当缺乏热爱时，再好的足球苗子也无法成为一名优秀的足球运动员。

德国足协小场地赛制改革中另一个非常重要的信号是："比赛时教练员们站在场边，其主要职责是完成球员的轮换，保证比赛顺利流畅的运转，且应尽可能少地进行场边指导。"我们日常所见到的许多青少年足球教练员，都习惯在场边"大喊大叫"。本意是想帮助球员，实际上却是适得其反，甚至会阻碍小球员的成长和进步。孩子们由于需要关注比赛本身，接受信息能力是有限的，教练员的指令会剥夺孩子们自己选择和决策的自由。本书给广大教练员们提供了教学指导上新的思路——小场地比赛和组织，教练应该成为比赛的引导者、激励者、组织者和建议者。即使我们教练员认为"传球"比"自己单干"更为合理，也要摒弃传统的"场边指挥"，积极鼓励孩子们的创造性思维和独立决策的勇气。

授人以鱼，不如授人以渔。本书告诉所有青训教练员，小场地的对抗形式无需大费周折，根据场地大小、球员人数、球门大小、球门位置、场地形状的不断调整可以进行千变万化的教案设计，让教练员不再受限于标准的教案、教材和训练方法，而是根据现场情况的不同进行方案的灵活调整，真正贯彻"一切的训练中心是孩子"的训练理念。

众所周知，我们中小学的校园操场绝大多数并不是由四百米田径跑道配上一个标准足球场。更多的是两三百米的跑道内，圈了一块运动场地，而这块场地还会被分割为篮球场、乒乓球场和足球场等。可以说，留给足球比赛的空间非常有限（拥有一个五人制足球场都已经算是条件不错的学校了）。而本书给我们提供了在有限空间内进行训练的具体方法，非常适合在中国校园环境内使用和推广。

相信本书一定能给广大足球从业者和爱好者（特别是中国青少年足球教练员和校园足球老师们）带来极大的帮助和启发。我们既要学习德国先进严谨的足球训练理念和方法，也要结合中国特色的足球现状和特点。读完本书，你一定会对低年龄小场地比赛和训练方法有全新的认识。学海无边，书囊无底！

刘　越

中国国家男子足球队前队员
著名足球解说员

序　二

正值欧锦赛期间，接到作者的邀请，想让我帮《小场地 大变革》一书写一篇序，这正中我的"下怀"。一肚子欧锦赛的观赛感想无处倾诉的我，迫不及待地提笔疾书，生怕人家收回邀约。

现代足球的发展非常快。无论是对整体还是对个人的要求，越来越趋于精细化。用商业上的逻辑去讲的话，目前正在发生的趋势就是个体细分：对各个位置以及各个区域的技战术要求都越来越细致和全面。

我想无论未来足球发展成什么风格，它的基本规律不会产生大的变化，那就是：场地的面积有限，比赛的时间有限。这就决定了足球的空间和时间是它的核心要素，所有为了比赛取胜而服务的目标都会紧紧地围绕着这两项来进行。双方都会尽其所能地压缩对手的空间，剥夺对手控球的时间。所谓道魔之比，循环往复，节节攀升。

在这种背景之下，球员的个人有球能力及小范围的控制能力；由近及远、由小及大的快速观察和决策能力等，都会成为塑造核心能力的标准。而德国足协这次对于在低年龄赛制改革中引入更多的小场地对抗比赛，能让小球员们由简至繁，循序渐进的学习足球比赛中攻防对抗的基本规律，从小在球场上敢于决策并合理决策。

本书通过非常详细地解读，理论结合实践得出科学结论，以及必不可少的大数据归纳，很全面地向大众阐述了作者的观点。更难得的是，本书收录了大量的教案，可以帮助教练员更好地理解内容并设置训练。无论是参加何种比赛，只要是足球教练员和运动员，本书都具备普遍的可读性、指导性以及学习性。

小场地，大变革；小技术，大作用。由小见大，由微见巨。期待你我一起在足球的世界中，把足球的知识"颗粒归仓，积粮成富"。

目　录

第三章
教练员在比赛及训练中的新角色

第四章
小场地对抗的训练设计

第五章
以五大基础板块设计对抗训练

第六章
全新对抗形式的训练教案

部分插图由本书联合出品人（机构）提供，在此表示感谢：
（排名不分先后）

爱踢客青少年足球俱乐部
珂缔缘青少年足球俱乐部
沧州市迎宾路小学凯胜足球俱乐部
青岛市黄岛区斯美金足球俱乐部
上海河畔少儿足球俱乐部
北京新胜足球俱乐部
王鹏珉教练

扫描下方二维码可以观看本书相关学习资料

官方公众号：
Coach45 青训网课平台

第一章
儿童足球的竞赛改革

孩子才是一切训练的中心主体

当孩子们来到俱乐部踢球，他们最大的需求便是释放自己体内的能量、提高自己踢球的能力，同时获得大量自由踢球的时间。孩子们需要参与感、想要破坏对手的进球，同时创造属于自己的射门得分机会。有的孩子还希望在门线上一展身手去拦截对手的射门。在德国的儿童足球中，虽然孩子们在训练中的参与度很高，但是周末的联赛却没法满足所有孩子参与比赛的需求。此前的竞赛模式可以说是与这些需求背道而驰。在德国，周末许多儿童的足球比赛都采用七人制的赛制，比赛场地的尺寸为50 × 35米，球门规格一般为5×2米的青少年球门。由于7v7比赛报名人数和换人次数的限定，许多孩子没法获得足够的出场时间——有些球员只能得到很少的比赛时间，有些球员甚至根本进不了大名单，完全没有上场比赛的机会。

为什么说7v7的赛制已经过时了？

我们来举个例子。现在有一支由15名球员组成的球队，每周六教练员允许带上10名球员参加7v7的比赛。这也就意味着，另外5个孩子在每周四下午的训练结束后，就会获知自己没有入选比赛名单的消息，周六只能留在家里。这样的抉择对于教练员来说是一种负担，而对于小球员来说更是一个需要时间消化的悲伤时刻。而对于进入名单的10名球员来说，每场的比赛首发只能有7人，另外3个孩子会在替补席上"如坐针毡"，希望等来自己上场比赛的机会。恰巧，今天是一场异常胶着的比赛。这支球队在比赛中长时间处于比分落后状态，好在最后还是3:2战胜了对手。

在新的竞赛体系下，这张图片中的场景将成为过去——没有在板凳上的煎熬，所有的孩子都会获得充分的比赛时间

1

过时的竞赛机制：为什么7v7的比赛已不再适用于当下？

7个孩子首发比赛

3个孩子坐在替补席

5个孩子留在家里，没有机会随队

　　替补席上的3个孩子里，只有一人最后得到了10分钟的出场机会，另外两人则坐了整场的冷板凳。虽然家长带着孩子们驱车45分钟才来到客场的比赛地点，但教练员还是没有让他们获得出场比赛的机会。从这个简单的举例中，我们不难发现德国青少年足球此前竞赛机制存在的问题，以及我们寻求变革的初衷。也许有人会批评教练员没有做到一视同仁，过分注重比赛的胜负结果。但大家不要忘了，教练员也需要面对来自家长和俱乐部的压力——这两方往往都非常注重比赛的结果。即使低年龄比赛没有实际的积分，家长和俱乐部负责人的心里也都藏着自己的积分榜。有时候，他们不以教练员对于孩子们成长中所做的实际工作作为评判依据，而是把球队的比赛成绩放在第一位。

　　在这样的环境下，教练员要想坚持不妥协，始终把孩子们的发展放在第一位，需要足够的执教经验以及坚定的意志。同时我们需要意识到，有些实际问题只靠教练员一个人的力量根本没有办法解决。例如只有把5个孩子留在家里，才有可能给其余10个球员尽可能足够的出场时间。此外，现实情况中教练员无论如何也不可能完全做到让每个球员都获得完全相等的比赛时间。

● **案例分享**

　　7岁的卢卡正在俱乐部的U8梯队踢球。他速度快、带球能力出众，射门也很有力量，是球队里能力最强的球员。在周末7v7比赛中，他的球队以14:2战胜对手。卢卡全场无所不在，从后场一路带球杀到前场，对手拿他一点办法也没有。最后，他一人独进12球。剩下两个进球由他的好朋友尤里斯在门前接他的横敲推空门打进。剩下其他孩子在整场40分钟的比赛中，鲜有碰到球的机会。

7v7的赛制导致大部分球员的触球次数非常少。长此以往，孩子们很可能会产生自卑心理以及自我怀疑，从而逐渐丧失对足球的兴趣

总结来说，此前的7v7竞赛赛制根本无法满足让所有孩子都参与到比赛中来的需求，更不用说获得完整的上场比赛时间。这样的现状直接导致那些没能进入名单和缺少出场比赛时间的孩子们的积极性持续下降。从刚才的案例中，我们还能发现7v7比赛另一个显而易见的问题：这样的赛制对于许多孩子来说有些"难以驾驭"，而场上那几个极个别的天赋球员，往往主导了整场比赛。我们经常能在场上看到，14个球员中的2个在比赛中占据了大约70%的触球机会，而剩下的12个球员的触球只占了总触球次数的30%。有的孩子因为一直在离球比较远的区域，甚至整场比赛一次都碰不到球。还有的球员被固定在某个位置上，例如左边后卫或者右边后卫，他们的唯一任务就是"大脚解围"，把球从自己球门前的危险区域破坏出去。另外，由于比赛场地尺寸过大，使得教练员在比赛中不得不提前为孩子们分配好位置及各自负责的区域，这种安排进一步限制了球员在比赛中的任务和比赛体验。

综合来看：7v7的比赛对于固定位置的踢法是有利的，但往往超出了大多数孩子的能力范围，最终导致他们在比赛里根本触碰不到球。长此以往，孩子们很有可能会产生自卑心理以及自我怀疑，认为自己得不到足够的关注，从而逐渐丧失对足球的兴趣。

德国儿童足球的改革希望通过改变赛制，来规避7v7比赛中目前为止暴露的这些问题。我们希望在新的赛制下，所有踢球的女孩和男孩都能享受足球，最大限度地激发大家对足球的兴趣。通过增加孩子们在场上的触球次数，以及大量的成功体验让体育和对体育的热情成为他们将来生活方式的一部分。

逐步改良或变革—— 一个历史的进程

　　德国的儿童足球究竟正处于改良过渡期还是在深度变革之中？这样的争论其实没那么重要。即便比赛运营的方方面面都有大幅革新，但必须承认所有这些改变都顺应了足球这么多年来潜移默化的自然发展规律。

　　让我们来看看德国儿童足球到目前为止的发展历程。1980年，德国的孩子们还在球场上踢11v11的比赛，球门大小为标准的7.32×2.44米。实际比赛中，让各个年龄段的孩子们直接采取了和成人足球类似的比赛方式。23年之后的2003年，德国国内U9年龄段的赛制变为7v7，球门大小为5×2米，但比赛场地仍为标准足球场的一半。场地的大小减少了一半，球门的长和宽也相应地减小。到今天为止，该年龄段的球门大小没有再做调整，但是比赛场地面积再次减小了，变成了50×35米，相当于比标准足球场四分之一略大的面积。在这段超过40年的跨度里，我们能看到非常清晰的发展趋势，球门在变小，球员的人数在减少。但时至今日，比赛场地的大小还不够小。

霍芬海姆是德国第一批将霍斯特·魏因的设想付诸长期稳定实践的俱乐部

TSG霍芬海姆俱乐部的"迷你足球日"传统

2008年 霍斯特·魏因(Horst Wein)在一次培训中，展示了自己关于迷你足球比赛的设想。自此以后，霍芬海姆在莱茵耐卡地区一共组织了超过100次迷你足球比赛日活动。

2014年 辛斯海姆地区正式将迷你足球赛作为官方补充赛制。

2015年 霍芬海姆在俱乐部开放日上，连续第五年举行迷你足球比赛日活动。参赛队伍达到128支，为历年之最。

2017年 德国巴登州足协将迷你足球赛列为官方赛事，要求下辖地区足协每半年必须举行一次迷你足球比赛日活动。

2018年 为了支持迷你足球比赛日活动的推广，霍芬海姆俱乐部向巴登州足协捐赠144个迷你球门。

贾马尔·穆西亚拉是德国现在少见拥有出色带球能力的球员

　　霍斯特·魏因，曾经的德国曲棍球队主教练和德国足协讲师，在20世纪80年代就已经预见到了儿童足球的适龄问题和改革趋势，并逐渐形成了自己关于儿童足球的阶梯式理论，并对配套的3v3加4个小球门的小场比赛（又称FUNino）进行了逐步研究与开发。魏因教练虽然早已位列德国最知名的青少年足球教练讲师，但时至今日，他的小场比赛训练模式只在训练场上得到应用，并没有成为正式的比赛项目。全德国最早借鉴并坚持他想法的只有霍芬海姆俱乐部以及汉堡的圣保利俱乐部，两家俱乐部在周末举行的足球节活动中会采取他所提出的小场比赛模式。随后几年，汉诺威96俱乐部和沃尔夫斯堡俱乐部也加入到他们的行列之中。

　　之后，马蒂亚斯·罗赫曼教授将霍斯特·魏因的3v3加4个小球门的框架应用到儿童足球中，制定适合孩子们的训练。他在德国小城埃尔朗根组织了此类的小型比赛，通过实践和科研结合的形式进一步确认了小场比赛的各项优势，并将之推广向全世界。受到他的启发，德国部分地区出现了一些以此为框架的实验性比赛，这当中包括每周举行此类比赛的哈维尔兰特（勃兰登堡地区）以及创建了全新3v3联赛的科隆。除了常规的3v3比赛以外，这些实验性赛制中还加入了两个七人制大球门的4v4，以及其他形式不同场区大小、不同人数的对抗形式。与此同时，德国足协（DFB）也开始关注儿童足球。在此前连续几年的研究中，德国足协发现了两个不可忽视的问题。其一，在成年足球赛场上，富有创造力且能通过个人能力赢得1v1对抗的球员正在逐年减少。这些球员在1v1对抗中的能力往往能帮助球队在局部创造局部的人数优势，而且总是能在关键时刻通过自己的表现在场上发挥决定性的作用。如今德国的足球场上从来不缺少团队型的球员，也不缺少基本功扎实的球员，但是个人特点突出的球员实在太少了。其二，德国足协还发现，在青少年阶段足球人才流失的问题同样日趋严重。从最低级别的U9到最高级别的U21都有大量的球员选择退出，所有年龄段的人才流失率达到了50%。这对于德国的业余足球俱乐部来说，是非常大的打击。不少球队的U19和U17梯队突然由于人数不够而无法组队报名。由于可供挑选的人才越来越少，大俱乐部之间对天才球员的争夺也比以往更加激烈。

虽然造成这样结果的原因多种多样，但是在德国足协看来，最主要的原因还是归结于7v7比赛的形式过于单一。德国足协的儿童足球专项组在2017年完成全新比赛形式的制定，下发给德国各地21个州足协，并要求各地足协最迟在2019年开展围绕赛制改革的相关实验与测试。在2022年3月11日的会议上德国足协决定，新的儿童足球比赛模式及竞赛框架将于2024/2025赛季在整个德国全面铺开。

全新的比赛模式——为儿童足球量体裁衣

全新的比赛对抗模式中，"量体裁衣"的主旨体现在方方面面：缩小比赛场地、减少比赛对抗人数以及缩小球门的尺寸。周末的比赛不再是一成不变的7v7比赛，而是一系列从2v2到5v5的小场地比赛（在德国人们也称其为"周末足球节"）。在1块标准尺寸的足球场上，可以最多划出8块小比赛的场地（1个标准半场可以划出4块小场）。如果是最低年龄段的小比赛，甚至可以在1个标准场里划出12块小场地。各个年龄段的场地尺寸各有不同：U6/U7年龄段的比赛场地需要约 20×16 米，U8/U9年龄段需要 25×20 米，而对于U10/U11年龄段即便需要 40×25 米的比赛场地，在1个标准半场里仍然能划出4块这样的场地。

U6/U7的小球员进行2v2或3v3加4个小球门的比赛，U8/U9的小球员进行3v3加4个小球门，或是4v4（5v5）加2个七人制球门的比赛。对于U10/U11年龄段的孩子们来说，除了进行4v4（5v5）加4个小球门或5v5加2个七人制球门的比赛，还可以加入相邻附加场地进行7v7比赛的赛制。德国足协目前正在努

德国国门诺伊尔（身高1.93米）伸手能摸得到2.44米的横梁，但对于一个平均身高1.29米的七八岁守门员，要想守住2米高的七人制球门却是难于上青天的

德国科隆体育大学关于球门大小的研究表明，青少年球门的最佳高度为1.65米。目前最好的过渡方案就是降低球门高度，图中的球门挂上了拦截球网

力，对 U12/U13 以及更大年龄段的比赛场地和比赛人数进行修订。有些地区已经先行试点，在标准半场的尺寸进行7v7 或8v8 的比赛。

新的进攻目标：球门高度的降低

如果我们回顾过去 40 年儿童足球比赛的变迁，不难发现比赛场地和球门尺寸都大幅度缩小了。但是相比之下，球门的尺寸仅仅有过一次变化——从成年人的 7.32 × 2.44 米标准球门缩小成了 5×2 米的青少年七人制球门。这只能算是万里长征的第一步。即便如此，青少年七人制球门对于儿童来说，无论宽度还是高度，都远超他们的实际能力，尤其是球门的高度。根据德国科隆体育大学的一项研究表明，U8/U9 年龄段的小门将最高也只能够到 165 厘米左右的空中来球。如果来球正好飞行到球门横梁下方守门员够不到的那 35 厘米范围内，任何这个年龄段的守门员无论身高多少，都将鞭长莫及。在实际的比赛中，也的确有许多小球员发现并利用了这样的"身高劣势"，有意无意地尝试远距离吊射来碰碰运气。要想改变这样的现状，就需要在规则上缩小球门的大小，让守门员在面对高空来球时，一样有机会进行有效的拦截扑救。降低球门横梁高度的方法有很多，例如在横梁和门柱上固定拦截网，或者在 165 厘米的位置用上塑料横幅或是类似其他材质的横幅及挡板。虽然这样的改变不像比赛场地大小那么变换自如，但缩小球门的大小也并非不可能。总有新的球门产品出现，或是相关的辅助器械也能起到同样的作用。只有这样，孩子们才能在他们适龄的进攻目标上进行比赛，从而尽可能减少儿童足球比赛中的运气球成分。（德国科隆体育大学关于儿童足球球门高度的更多研究，可以微信搜索 Coach45 青训网课平台收看相关网课和介绍文章）。也正因如此，我们更加大力推荐小场地比赛中的小球门。它们大小适中，高度通常在 1 米到 1.5 米之间，从尺寸上来说更加适合儿童。此外，小球门的另一个优点就是便于携带和搬运，能在多种场景下进行不同的应用组合，甚至可以直接并排摆在一起。

新的比赛规则：竞赛模式、轮换球员、界外球

新的比赛赛制同样会带来比赛规则上新的变化。根据过去几年的试点实验，德国足协总结出了一些相关的规则建议。在实际操作层面，各地区足协的规则都会略有不同，我们在这里把最核心的部分汇总如下。关于具体比赛中执行什么样的规则，则需要结合当地足协的实际情况进行定夺。

根据往年的实践经验，我们将比赛的对抗模式、场地大小、比赛时间以及比赛用球大小汇总成表格，作为大家实际比赛和训练组织中的参考。关于具体的比赛规则，以下几点在实际比赛中都得到了各方的一致认可：

1 比赛中没有手抛界外球和角球。
2 如果出现球出边线或底线的情况，开球可以使用带球进场或传球快发的方式。带球进场的球员也可以不传球给队友，直接射门得分。
3 每次进球后或不晚于进球后的2分钟内，必须有场上球员的轮换更替。
4 每次换人都按照既定顺序，以保证每个孩子都能得到相同的出场时间。
5 场上没有裁判，如果出现犯规，孩子们根据公平竞赛原则自行商量解决问题。如果出现争执，教练员可以进行适当干涉。
6 竞赛模式1：欧冠联赛模式：每轮比赛结束后，赢球球队向上升级到前一片场地，输球球队向下降级到后一片场地。
7 竞赛模式2：循环模式。所有7到8支球队进行单循环比赛。
8 比赛不设积分榜，没有决赛，也没有比赛冠军。比赛的结果不会被记录在册。

关于比赛时间的建议

在儿童足球中，过长的比赛时间也是老生常谈的问题。一般来说，42至49分钟是比较合适的总比赛时间。在科隆的3v3联赛试点测试中，孩子们往往会在第七场或最后一场比赛中出现非常疲劳的情况。根据实际情况，比赛时间被调整为6节7分钟(6节比赛，每节7分钟)。这样一来，所有的比赛能在一小时左右全部结束。当然也有部分地区采用了6×12分钟甚至更长的比赛时间。

年龄段		训练及比赛要求
U6/U7	比赛模式	2v2或3v3加4个小球门。不使用大球门，U7年龄个别情况下，可以使用缩小版的七人制球门
	场地大小	约20×16米
	中线	球越过中线后，进攻方才能射门得分
	比赛时间	6×6分钟
	用球大小	2或3号球，重约290克。或用塑料球/海绵球代替
U8/U9	比赛模式1	3v3加4个小球门，划定射门区域
	比赛模式2	4v4或5v5加2个七人制球门，划定场地中线
	场地大小	约25×20米（3v3）至40×25米 场区大小可根据球场区大小可根据球员能力调整
	得分区域	球越过射门线后，进攻方才能射门得分
	中线	球越过中线后，进攻方才能射门得分
	比赛时间	6×7或7×7分钟
U10/U11	比赛模式1	4v4加4个小球门，划定射门区域
	比赛模式2	5v5加2个七人制球门，划定场地中线
	其他变化	6v6/7v7加2个七人制球门。附加场地2v2至5v5
	场地大小	40×25米（4v4或5v5）至55×35米 场区大小可根据球员能力调整
	得分区域	球越过射门线后，进攻方才能射门得分
	中线	球越过中线后，进攻方才能射门得分
	比赛时间	约6×7或7×7分钟

★比赛场区的详细尺寸参见第67页、79页、91页及103页

从数据对比中，我们不难发现过长比赛时间所带来的问题。以U8/U9年龄段的比赛为例，如果进行两节20分钟的7v7比赛，相比前文提到的6×12分钟，他们的总比赛时间会多出32分钟。3v3是一种强度很大的对抗形式，孩子们在比赛中会有更多的拿球机会，同时也需要做出更多的决策。参与这样的比赛，球员在身体上和心理上都会比7v7比赛更疲劳。因此相较7v7的比赛，总比赛时间应该进行减少，而不是增加。我们认为42到49分钟的总比赛时间是最值得推荐的。教练员可以在实际训练比赛中进行观察，并根据自己的实际需要调整比赛的时间。

灵活变通与紧密合作

即便在新规则下，教练员依然有足够灵活变通和因地制宜的自由发挥空间。每次小场地比赛或足球节之前，组织者可以和所有参赛队的教练员坐下来进行一次沟通，根据大家的实际情况对规则细节进行适当调整。以下是两种可能出现的情况。

● 案例分享1

　　根据东道主俱乐部的安排，本周末的比赛原计划将以5v5的形式进行。但其中一支球队由于球员生病，实际只有9人到场，只能组成一支5人队和一支4人队。比赛开始前，双方教练员经过沟通协商决定，这支4人队参加的所有比赛都改为4v4，其他比赛仍为此前约定的5v5。

　　通过此案例我们可以看到，新的赛制是非常灵活的。教练员可以根据双方实际到场球员的人数来决定比赛的赛制。因此无论有多少男孩女孩到场，比赛都能够正常进行。所有球员都会得到出场比赛的机会。

● 案例分享2

　　东道主俱乐部将在周末连续举行几场不同的足球节比赛，不同的比赛间隔只有1小时。第一场足球节超时了15分钟，留给第二场足球节的时间只有45分钟，因为在他们之后还有场U14/U15的比赛。第二场足球节开始前，为了顺利完赛，教练员们达成一致，决定将比赛时间缩短为6×6分钟。

　　从这个案例中我们不难发现，新的比赛形式在时间安排方面也非常灵活。具体安排可以根据不同情况和地点进行灵活的调整。虽然缩短比赛时间并不是最理想的解决方案，但考虑到事出有因，同时最终让所有孩子依然可以参与其中并有充足的比赛时间，这一解决方案也是可以接受的。这样的灵活调整也促进了俱乐部之间的互相协作和沟通。

比赛场地尺寸的适龄原则

设计全新比赛模式最重要的出发点，是为了让场地的大小与孩子们的实际能力能够更加匹配。所有孩子都理应在最适合他们自己年龄的场地上踢球。这是一个动态的过程，在这个过程中场地的尺寸会随着孩子们的能力提升逐渐变大。随着场区的变化，比赛对孩子们在身体协调性、技术能力、战术执行层面都提出了更高的要求，孩子们在场上要解决的问题也会变得越来越复杂。下面两个日常生活中的案例，可以帮助我们更好地理解为何儿童足球需要遵循比赛场地尺寸的适龄原则。

儿童足球改革的目标：
学踢球应该像学自行车
一样循序渐进

学骑自行车

在学习骑自行车的初始阶段，孩子们往往需要从三轮车或者脚踏卡丁车开始，以坐姿开始练习踩踏动作。随后他们会进阶到一辆滑行平衡车，之后是带辅助轮的小自行车，最后才会是他们真正意义上的第一辆儿童自行车。在尝试了整个成长过程中的各种自行车之后，孩子们最后多半会选择一辆山地自行车或者公路自行车。只有熟练掌握了所有骑行技巧并能真正驾驭自行车时，我们才会让孩子们骑上真正的自行车上街。谁也不会给他们塞一辆完全超出他们能力范围的车——无论是过大的车架，还是高得让他们连踏板都够不着的坐垫，都是不合适的。我们会根据孩子们的实际年龄情况来选择合适规格尺寸的自行车。在儿童足球全新的比赛模式里，场地的大小也是一样，我们需要根据球员的年龄以及生长发育情况来调整场地的尺寸。

"比赛的赛制应该像孩子们穿的鞋子一样，多大的脚穿多大的鞋，并且随着孩子们的成长而逐渐变大！"

——霍斯特·魏因

一次比赛之后的教练员提问：几乎所有孩子都有至少一粒进球或者一次助攻

合适的足球鞋

我们可以用足球鞋作为另外一个比喻。孩子们的鞋码如果太大，可能会出现各种各样的情况——例如走路踉跄然后摔跤，或者射门时候把鞋一起踢飞。所以合适的足球鞋，是孩子们的必需品。既不能太大导致不稳定，也不能太小导致磨脚。对低年龄幼儿来说，带魔术贴或者旋钮鞋带的球鞋也是不错的选择。等到他们学会自己系鞋带了，我们才会给他们更换普通鞋带的足球鞋。

比赛场地大小的调整原则与此异曲同工，孩子们从小场区和人数较少的队伍开始学习踢球。随着孩子们年龄的增长和能力的进步，场区变大的同时也慢慢地有更多的队友、对手和更大的球门加入比赛。

全新比赛模式的优势——多方共赢的足球

孩子们的益处

新的比赛模式会让所有参与其中的人都得到巨大的收获。在小场地比赛中，所有孩子都会有更多的触球机会，更多带球、传球和射门的机会。如果比赛有守门员参与，使用七人制青少年球门、训练杆门或者并排摆放的小球门时，他们也同样会有大量手脚并用完成门前救险的机会。另外，守门员也需要更频繁地在后场进行组织，并将球传给能接应的球员。

在小场地比赛中，由于触球次数的增多以及距离的缩短，孩子们无论是进球、助攻还是成功的扑救等方面都会获得更多成功的体验。从过往经验来看，每次比赛或足球节结束后，当教练员询问"有多少球员进球或直接助攻过进球？"时，几乎所有的孩子都会高兴地举起手来。对成功体验的渴望是孩子们参与体育运动最大的动力，这种动力在能给孩子们带来快乐的同时，也能激发他

由于固定的换人顺序，所有孩子都将获得相同的出场时间

们对这项运动的持续热爱。

在小场比赛中，每个孩子都是比赛的重要组成部分。无论进攻端还是防守端，都需要所有人共同参与。无论进球还是破坏对手的进攻，每一个个体都需要共同承担责任。所有球员都需要全情投入，且无关能力高低。再也没有球员有机会开小差或是躲得离球远远的，因为小场地比赛中的场地尺寸，让所有球员始终都在球的附近。

正因如此，给孩子们分配固定的场上位置也就失去了意义。举一个简单的例子，如果球员总是滞留在本方的半场，那就意味着本队前场进攻时会陷入人数劣势的被动，之后的比赛也很难取得进球。反之，如果球员一直留在前场，那本方防守时同样也会陷入人数劣势的被动，有很大概率被对手进球。在大场地比赛中，即使一部分球员没有参与进来，控球一方也能在场上某些局部创造人数占优的场景。但是在小场比赛中，只有当所有人都参与进攻或防守的时候，才能制造出这种场景。

一次提供若干块场地的足球节，能让所有孩子在周末享受到足球比赛带来的快乐。没有人再会被留在家里，以前没能进入大名单的难题就迎刃而解了。此外，所有的孩子也都会获得同样的出场时间。因为所有球队都同时在进行比赛，并且换人的顺序也是相对固定的。

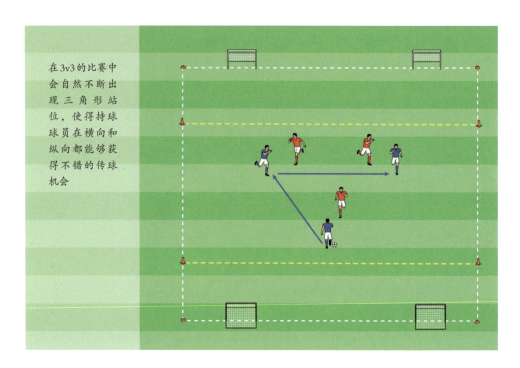

在3v3的比赛中会自然不断出现三角形站位，使得持球球员在横向和纵向都能够获得不错的传球机会

球员出场时间的比较

7v7比赛

在7v7的赛制下，教练员一般会带10名球员去比赛，5名未入选名单的球员则会留在家里。10人中7人首发，3人作为替补，比赛一共进行40分钟。如果教练员能够平衡所有人的出场时间，每个人将获得大约25分钟的比赛时间，也就是完整比赛时长的六成左右。

小场地足球节赛制

同一支球队如果参加小场地足球节，教练员就能把全部15人都带去参加比赛。教练员可以把15名球员分为三个5人队，每队每场比赛有3至4名球员首发。每次进球后，最迟在进球后2分钟内，场上场下球员进行固定顺序轮换。每场比赛7分钟，每队一共进行6场比赛，全部比赛时间总共42分钟。除去每场比赛因为换人耽误的1分钟，预计所有15名球员每人将获得36分钟的比赛时间。所有球员的出场时间都得到了大幅提升。

小场地比赛没有大场地比赛那么杂乱无章。这一点在6岁以下的幼儿当中体现得尤为明显。大场地比赛中，场地内过度拥挤，完全超出了孩子们的能力范围，他们的注意力很难集中。由于视野不够宽阔，孩子们也很难区分队友和对手。结果就是场上所有人乱成一团，球被踢来踢去毫无章法，所有孩子都"扎堆"在球的周围。

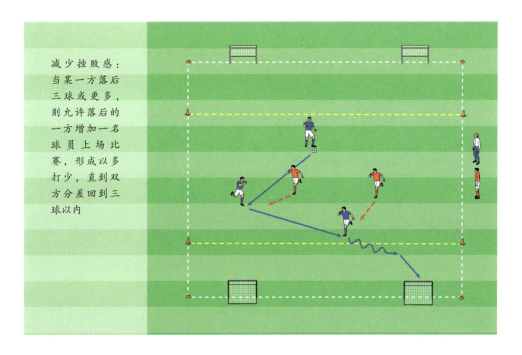

减少挫败感：当某一方落后三球或更多，则允许落后的一方增加一名球员上场比赛，形成以多打少，直到双方分差回到三球以内

长此以往，许多孩子会渐渐失去兴趣，慢慢远离小伙伴或者干脆直接坐在地上。他们会觉得自己在比赛中完全得不到任何参与感。而小场地2v2或3v3的比赛相比之下就一目了然，孩子们能充分去利用场上空间带球前进，即使在年龄还小视野受限的情况下，也能够辨认出自己的那几名队友，并和他们尝试完成一些配合。

在3v3的比赛中，场上孩子们的站位多数情况下会天然呈现三角形。因为人数关系，这完全是自动形成的。只要他们不是站在一条线上，那他们的位置关系就必然为一个三角。三角形的优势在于，每个场上球员都占据一个顶点，对传球球员来说，另外两个顶点上的球员就形成了天然的传球点。有了这样天然的三角形辅助，孩子们就能在场上逐渐学习和领悟如何创造传球线路，如何利用场地纵深和宽度，如何完成摆脱和接应。这样一来，持球球员也更好地识别和利用能够传球的路径。

● 案例分享1

在3v3加4个小球门的小场地比赛中，两队各有4名球员，其中一名球员为轮换球员。比赛中，A队3：0领先，B队的替补球员上场加入比赛，B队拥有4v3以多打少的人数优势。即便如此，A队还是再下一城，将比分改写为4：0。不过B队很快展开反击，连扳三球，比分被改写为4：3。B队此时换下一名球员，比赛重新回到3v3的状态。

在3v3加4个小球门的小场地比赛中，A队有四人参加比赛，而B队只有三人。因此A队有一名轮换替补球员，B队没有替补球员。A队3：0领先后，由于B队在比赛中无法进行换人或者增补，A队需从上场球员中暂时撤下一人，由2名球员进行比赛。B队在比赛中3v2以多打少，B队很快连进两球，比分变为3：2。A队一名替补加入比赛，比赛重新回到3v3人数均等的比赛状态。

通过调整人数改变实力对比

小场地比赛的另一项优势在于，可以随时让较弱的一队增加场上球员，从而尽可能实现比赛双方的实力平衡。实际比赛中，可能会出现这样的情况：如果某一方落后三球，可以让替补球员上场加入比赛，直到双方的净胜球差距被拉近到一球。如果落后的一方没有替补球员，也可以要求领先的一方撤下一名场上球员。

不要低估了这种通过调整场上球员人数改变双方实力对比的方法，这样不仅能够避免场上出现悬殊的比分，而且能让落后的球队也能在比赛中收获成就感。这种方法避免了孩子们因大比分落败而灰心丧气，同时在比分差距仅有一球的情况下恢复人数均等，也不会让原本领先一方认为自己受到了不公正的对待。

创造性与决策

激发孩子们的创造性，是小场地比赛另一个非常关键的作用。来自对手的防守压力减小了，孩子们自然能更大胆地进行1v1对抗，勇敢地尝试带球向前甚至过掉对手。假动作、变向和快速带球都将带来更大的威胁，因为只要过掉对方一名防守球员，对手的球门就会完全暴露在攻方面前。以两个小球门为进攻目标的比赛也鼓励孩子们多尝试带球，或通过传球和变向进行球的转移。比起传统的一个球门，对两个球门的防守更为困难，持球方总能创造出新的射门机会。同时，通过射门区域的划定也可以有效避免球员远距离的射门，这也就要求孩子们在场上通过更多的带球和短传配合来创造得分机会。

小场地比赛对球员来说同样是天然的决策能力训练。比赛中孩子们需要在短时间内不断地做选择，什么时候应该带球、传球或者射门。随着比赛节奏的加快，孩子们在场上需要不断应对各种新的局面，迅速决策并寻找其解决方案。

在小场比赛中，孩子们需要做出大量决策，这将极大促进激发他们的创造力

俱乐部的益处

小场比赛对俱乐部来说，举行一次比赛不再需要之前那么多场地。如果1个标准球场上能划定4块小场地，就足以容纳3到4家俱乐部的8支球队同时进行比赛。周末能参与比赛的孩子多了，俱乐部的活跃会员人数也自然而然随之增加，这也将给俱乐部带来更多的收入。如果有孩子生病了，也不必担心比赛被迫取消。不管周末来了多少孩子，4个或者20个，球队都能够正常地进行比赛。哪怕比赛的时候某俱乐部只有两人到场，为了保证所有孩子的比赛时间，也可以在现场和别的球队进行混编，组成所谓的"世界明星队"。

俱乐部和教练员围绕比赛的密切交流、不同参赛队伍关于比赛组织的沟通协调、比赛现场关于流程和规则的确定，都将大大促进各方的合作，能让不同俱乐部之间产生更多的沟通与理解。在困难和问题面前，大家共同去寻求解决的办法，往往要比单打独斗、独自面对更能事半功倍。

教练员的益处

教练员可以在周末带上所有的球员去比赛，不再有球员需要留在家里。教练员能让所有的孩子都获得足够多的上场时间，不需要担心如何换人，也不需要担心某一个球员的出场时间问题。这些变化能大大减少教练员的压力。由于赛事不再设置积分榜，教练员的成绩压力也会大大减小。由于比赛场次众多，孩子们同样很快能理解和消化比赛的输赢。比赛中大量的触球机会，对孩子们技术能力的提升也有非常大的帮助。如果比赛需要守门员，教练员可以让所有球员轮流尝试守门。对于守门员这个位置来说，大量处理球的次数也是非常重要的。

第二章
比赛模式改革
对日常训练的意义

比赛指导训练，训练来自比赛

比赛对抗模式的变化不仅对周末的比赛有很大影响，对日常训练的影响同样深远。比赛是训练的发动机，这条原则适用于所有年龄段。比赛对训练计划的直接影响不可忽视。我们希望孩子们通过训练为比赛做好准备，让他们把训练中学到的技术与行为模式都应用在比赛当中。正因如此，球员日常训练中如果进行和周末比赛完全脱节或毫无关系的对抗练习，就显得意义不大。

即便如此，我们也需要具体情况具体分析。一方面，比赛和训练的影响绝对不是单方面的，而是相辅相成。日常训练会对孩子们周末比赛中的行为表现产生不小的影响。另一方面，从全面开发培养孩子们运动能力的角度出发，儿童足球训练内容和方法的多样性同样重要，且十分必要。在训练当中，孩子们应该有机会学习各种不同的动作模式并积累实际比赛的经验。因此训练中经常让孩子们尝试在不同场区大小的对抗，积累相关经验也就无可厚非。不同对抗形式练习的变换组合能让训练形式变得丰富且具有创造性，孩子们在不断尝试新内容的同时也会对训练课保持新鲜感。在进行新的比赛赛制和模式改革之后，7v7对抗作为单一训练项目在日常训练中的地位将大大下降。如今在儿童足球多样性训练和增加触球次数原则的指导下，过去的7v7对抗训练被拆解为更小的单元，例如两块不同场地上的3v3和4v4对抗训练，或者是两块场地的2v2和另一块场地的3v3对抗训练。

2

在新的比赛模式下，小球
门发挥着举足轻重的作用

如果没有小球门或者数量不足，也可以用训练杆和标志桶代替。合适的长条凳甚至可以完全代替小球门

紧跟实战的日常训练

既然周末的比赛是在小场地进行，那么日常训练中自由比赛也理所当然应该采取同样的形式，特别是训练结束前的比赛。从训练组织的角度来说也非常容易实现。相比以前的大场区，现在需要划定2至4块较小的场区，与之对应，每组球员的人数也更少了。训练尾声的对抗比赛不再是所有孩子都在一块场地上，而是将他们分为不同的小队在不同的场地上进行循环比赛。根据既定的规则，完成一场比赛后孩子们将换到其他的场地继续进行比赛，教练员也可以在每轮比赛后将球员重新打散分队。

场区的尺寸并非必须千篇一律。不同形状和尺寸的对抗区域、不同的球门数量、球门形式、球门位置都能让训练变得更加丰富。我们可以在训练前划定好区域，这样整场训练都可以使用。即便没有小球门或七人制球门，也完全不是问题。教练员可以用训练杆和标志桶来代替门柱，长条凳和小桌子也可以替代小球门。如果去俱乐部的器材仓库看看，说不定也会有各式各样的新发现。

小场地对抗训练的优势

和周末的小场地比赛一样，小场地对抗训练能让所有孩子有机会同时在场上踢球。许多时候由于场地紧缺，不同队伍共用一块球场，球队的训练空间因此受到一些限制。如果需要进行大场地对抗比赛，往往需要等到场地空出来才行。相比之下，小场地的对抗训练和比赛则完全没有这方面的顾虑。小场地对抗不仅能更充分利用有限的场地空间，还能避免训练中不必要的中断和等待时间。

小场地比赛不仅是高强度的对抗，同时也给每个球员提供了大量触球的机会

案例分享 1

　　一名教练员有16名球员，可供球队使用的有2个七人制球门以及六分之一块标准球场，大约45×25米的场地面积。如果进行6v6或7v7的比赛，就一定会产生2至4名在场边等待的替补球员。如果教练员划定两块大约为25×20米的场地，其中一块场地摆放七人制球门，而另一块场地使用训练杆或者标志桶摆放4个小球门，他就可以把所有球员分为4队进行两组4v4的对抗。所有孩子都能同时上场，不再有人需要等待。

　　此外，小场地上的对抗对训练强度的提升同样有所帮助。无论是运动科学的专业研究或是我们在实际训练中的肉眼可见，小场地比赛不仅是高强度的对抗，同时也给每个球员提供了大量触球的机会。而正是这些大量的触球才能让孩子们的基本功技术、身体协调和运动能力、对比赛的阅读理解能力不断提高。当然，高强度的对抗同样也有助于改善孩子们的体能。大量的带球、传球以及射门动作会带来积极正向的训练效果，随之而来的成功体验也激励着所有场上的小球员更加全情投入。孩子们不仅在周末的比赛中能不断进球，在训练中也有同样的机会充分享受进球的成就感和快乐。

　　教练员决定在训练的尾声组织 8v8 的对抗比赛，这样所有 16 名球员都能同时上场也无须换人。对抗进行一段时间后，他发现场上不少球员几乎没有机会拿到球，比赛中进球也不多。于是他中断了比赛，将比赛场地分为两块小场地，并配上相应数量的七人制球门和训练杆门。随后他迅速将所有球员分为 4 个 4 人小队，并安排不同球队之间的对阵。训练后教练员从孩子们口中得到了积极的反馈：在对抗比赛阶段，每个人都至少取得了一粒进球，同时比赛中每个球员都有许多触球的机会和成功的体验。

为什么是 4 个小球门，而不是 2 个？

　　设置含有 4 个小球门的对抗比赛，不仅能降低比赛的难度，还能模拟和创造教练员希望出现的实战场景。不过我们首先得搞清楚，为什么会使用"小球门"的问题。毕竟上至德甲联赛，下至业余地区联赛全都用的是摆在底线正中间的大球门。但请注意，所有的这些使用大球门的比赛都是成年人的比赛，而成人足球和儿童足球其实并没有太多的共同点。换句话说，儿童足球训练不是简单的对成人足球训练做减法。因此教练员在制订训练计划的时候，应该避免对成人足球训练项目的简单移植。在日常生活中，有许多成人允许做而孩子不允许做的事情，例如一些有年龄限制的游戏和影片，或者开车驾驶。同理，适合成年人的足球训练方法、战术、足球尺寸或是复杂的训练项目虽然在儿童足球中没有被禁止，但确实是不适龄的。即使我们从一场顶级的德甲联赛中可以提炼许多信息，也不意味着这些信息能帮助我们为孩子们制定合适的训练对抗。

　　小球门有各种不同的尺寸，一般小球门的尺寸多为 1.5 × 1 米，这是非常适合儿童足球的球门尺寸。想要把球踢进小球门并非易事，因此也就没有设置守门员的必要。对孩子们来说，站在几米外想把球踢进空门已经相当不容易了。在训练中如果只使用两个摆在底线正中间的小球门，最后的进球数肯定不会特别多，并且对抗中孩子们多数时候都会拥挤在球场中路。球几乎很少会被传到边路区域，即使进攻方获得了角球机会，球员通常也找不到突破防守把球转移到中路威胁区域的方法。此外，在传统摆放两个球门的场地布置中，防守球员常常会通过"堵门"的方式进行防守。教练员为了避免这样的情况，通常会设置"防守方球员不能站在门前堵门"这样的规则。但平心而论，这样的规则执行起来并不容易，与教练员对防守球员的要求似乎也背道而驰——我们难道不希望防守球员能尽自己最大努力全力防守？哪怕是最后一刻也要尽力把球从球门线上破坏出去。

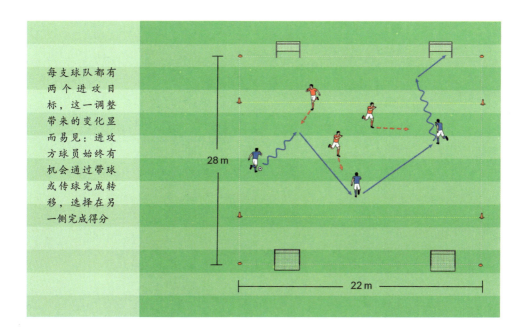

每支球队都有两个进攻目标，这一调整带来的变化显而易见：进攻方球员始终有机会通过带球或传球完成转移，选择在另一侧完成得分

28 m

22 m

　　当然，传统的比赛场区布置其实并没有多糟糕，这是我们需要在这里明确说明的。然而教练员们必须清楚地认识到，这种训练形式（两个球门）的不足以及需要克服的困难。如果在场上设置了4个小球门，每队进攻两个球门并防守另外两个球门，比赛就会呈现出完全不同的面貌。一个防守球员没办法同时封堵两个小球门，进攻球员始终都有机会通过带球或传球进行转移。教练员无须再设置"不许堵门"的规则，孩子们可以在没有特殊限定规则的比赛中自由发挥。球门不再摆放在底线的正中间，而是分别向两个底角方向进行平移。这样一来，比赛的对抗区域不再完全集中于中路，而是充分扩展到了场地的边路地带。以两个小球门为进攻目标的比赛鼓励进攻球员更多地带球，并通过假动作突破防守球员。面对需要防守两个球门的防守球员，攻方球员过人突破的成功概率就会更高。可以说，4个小球门的比赛会激励球员更多地参与进攻。

射门区域与中线的意义

　　在霍斯特·魏因发明的FUNino 3v3加4个小球门的对抗形式中，建立"射门区域"也属于他的首创。通常情况下，纵向离底线六米距离，横向与场地同宽的区域可以被划定为射门区域。在日常训练中，教练员也可以根据实际需要来调整该区域的纵深。对抗过程中，球员带球或传球进入射门区域，才允许射门得分。换句话说，球员在射门线外的中场区域即使射门进球也算作进球无效。射门区域的划定，能鼓励孩子们通过短传配合向前推进，避免了比赛中的远射。进入射门区域后的最后一击，则是对孩子们大胆带球向前或精妙传接配合最好的嘉奖。

对孩子们来说，即使是面对小球门的短距离射门，也足够具有挑战性

　　小球门的设置和射门区域的划定还能起到相辅相成的作用。球员如果想提高自己进球的把握，就必须尽可能地把球打到更靠近球门的位置。但同时即便距离再近，孩子们要想在快速跑动带球中射中目标，也绝非易事。

　　而在训练中，射门区域的划定可以根据不同的训练目的进行多种变化。例如教练员可以将其设置为防守方的"禁止进入区"，防守球员只能在该区域外进行防守。有时候，规则也可以完全反过来，规定进攻球员只有在射门区外的射门进球才算作进球有效。

　　比赛对抗场地的中线，也可以引入借鉴类似的规则。例如教练员可以规定，攻方球员必须将球带过或者传过半场才能射门得分。这样的规则直接避免了原本可能出现的远射，同时避免了小门将们无能为力的高空球。而越过中线后的射门，由于皮球的飞行线路和角度的关系，很难出现难以扑救的高球。即便出现，我们也可以通过前文介绍的降低球门高度的方法来彻底规避。中线规则在训练中同样也有各种不同的使用形式。例如一旦进攻方带球过中线后，在进攻中将获得以多打少的人数优势。或者根据不同的训练目的，可以规定在本方或者对方半场内完成的进球可获得双倍分数。

　　总之，射门区域和中线不仅是新比赛模式下的重要组成元素，同时也是教练员"工具箱"中的重要工具。借助这些元素结合不同的训练目的和难度，不断进行训练内容的调整，就能为我们的孩子创造新的挑战，训练课也会变得充满创意。

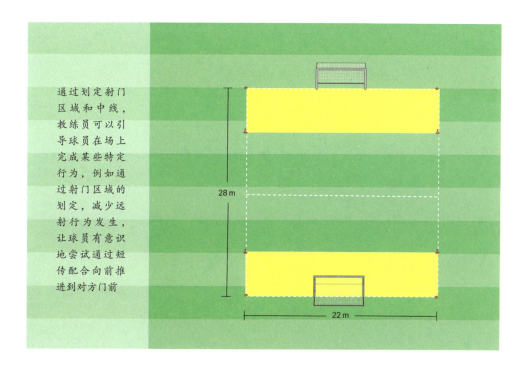

通过划定射门区域和中线，教练员可以引导球员在场上完成某些特定行为，例如通过射门区域的划定，减少远射行为发生，让球员有意识地尝试通过短传配合向前推进到对方门前

28 m

22 m

明确信号：创造更多自由比赛的时间

关于儿童足球训练，此次改革释放的信号也非常明确：孩子们应该获得更多自由比赛的时间。在训练中，这条宗旨也需要一以贯之，教练员需要把更多的时间留给孩子们进行自由的比赛。当我们说起街头足球的"回归"，其实就是希望过去操场上那种自发的比赛形式能够重新进入到如今的足球训练课。"自由比赛"不代表教练员只提供两个球门和一个足球，对比赛进程不进行任何的干预。孩子们需要"自由"地、身临其境地感受足球，没有任何强制措施、任何批评或中断纠错。而教练员的任务则应该体现在场区的设定、球门大小的选择、球员分队的安排、足球的选择以及比赛的赛制设定。

如果孩子们来到训练场时，对抗场地和器材已经摆放完成，他们自由比赛的时间自然就多了。孩子们往往乐于主动分队并立刻找一个球开始比赛并享受足球的快乐。与此同时，教练员则有更充分的时间完成之后其他训练项目的场地布置。除此之外，教练员也能通过延长尾声小比赛的时间，或者在不同的训练项目中穿插加入比赛的形式，让孩子们获得更多自由比赛的时间。所有这些改革的用意非常明确：给孩子们少一些"精心设计"的训练，多一些自由发挥的比赛时间。

第三章
教练员在比赛
及训练中的新角色

从"台前"到"幕后"

　　随着比赛赛制的改革，教练员的角色也随着发生着变化。教练员不再站在场边进行临场指挥，并且刻意"放弃"那些足球技战术的指令，转而成为比赛的引导者、激励者、组织者和建议者。这样的教练员新角色在德国进行试点的许多地区，也被写入"赛制规则指南"并且进行了明文规定。例如在科隆地区 3v3 联赛的"赛制规则指南"中这样描述到：

　　"比赛时教练员们在场边可站在一起，其主要职责是完成球员的轮换并保证比赛日顺利流畅地运转，且应尽可能少地进行场边指导。"

（节选自赛制规则指南）

3

教练员的新角色：不再进行足球技战术的指导，转而成为比赛的引导者、激励者、组织者和建议者

在成功推进比赛赛制改革的道路上，我们不仅需要好的赛事组织，教练员也需要对自己的职责进行全新的认识。在以前7v7的比赛中，教练员由于过度看重比赛的输赢，能力较弱的球员很难得到上场比赛的机会。除此以外，教练员往往在比赛过程中不断地呼喊指导，告诉球员在当下情境中应该如何决策和行动。久而久之，教练员甚至对于场上的每一个动作都要给到球员明确的"行动准则"并且大声呼喊出来。这样的方式不禁让人联想到，玩家用手柄控制器操控着一场电子游戏，或是木偶剧院中的那些木偶。

教练员在场边持续不断地发出指令，虽然本意是想帮助球员，但实际上却是适得其反，甚至会阻碍小球员的成长和进步。教练员过度的指令会剥夺孩子们自己选择和决策的自由。由于比赛场上球员需要专注于比赛本身，接收信息的能力有限，教练员必须大声呼喊，才能让自己的指令被孩子们听见和理解。但这又会导致小球员的动作僵硬，甚至有时需要随着呼喊的方向转过身去面向教练员，这会严重破坏比赛的自由流畅。

同时，我们也需要思考这样一个问题：教练员在比赛中给出的指令，究竟哪些是能被球员及时理解与执行的？又有哪些是毫无意义的？成年人许多时候由于想要释放自己的情绪，会在球场上呼喊那些内容空洞，没有实际意义的指令。例如："动起来！""过来！""继续！""上去！"或者"回去！"这些指令在比赛过程中并没有实际的行动指南，球员无法将其转化为下一步动作。

同样，例如"传出去！"或者"射门！"之类的指令，往往也是教练员（甚至场边的家长）情绪化的产物。所有的这些指令都将无济于事，相反抹杀了孩子们的比赛能力。球员应该学习独立完成决策，什么时候是传球或射门的正确时机，而不是让教练员或家长来替自己完成决策。

在小场地对抗比赛中，局势瞬息万变且球员需要不断地进行新的决策，这样的场边指导就更显得没有意义。在每一节短短七分钟的比赛时间内，教练员无法"同步"指挥小球员在场上的动作。换言之，当教练员呼喊球员并给到所谓"解决方案"的那一刻，比赛的情境已经又发生了变化，抑或球员自己已经完成了那一瞬间的决策。

● 案例分享1

> 卢卡和他所属的球队正在进行3v3加4个小球门的比赛。他持球进入到了射门区域，教练员在场边对他喊道："卢卡，射门啊！"而就在这一瞬间，对方的防守球员来到了卢卡面前，在小球门前进行倒地铲球封堵。卢卡识别到了比赛情境的变化，并没有选择听从教练员的指挥，而是将球回拨一下并立即传给场地另一侧的队友尤里斯，后者突破进入射门区域并完成了对另一侧小球门的射门进球。

这个案例表明，小场地比赛对抗中，场上局势是瞬息万变的。如果卢卡听从了教练员的指挥选择了射门，很有可能对方防守球员会把球封堵在门外。卢卡当时识别到了新的比赛情境，并且找到了比教练员指令更为成功的解决方案。这也表明，在小场地比赛对抗中，相比被动地收到教练员的指令，球员需要更快更主动地独立进行决策。

● 案例分享2

> 卢卡在3v3加4个小球门比赛的场地边线进行带球。两名防守球员在他的面前，尤里斯在中路处于无人防守的状态。卢卡可以将球传给尤里斯，后者朝着无人防守的一侧球门进行带球。此时教练员在场边对他喊道："卢卡，传球啊！"此时卢卡利用假动作先后突破了两名防守球员，从边路直接突破进入射门区域并完成了射门进球。

第二个案例表明，球场上的"解决方案"许多时候并不是唯一的。卢卡在这个情境下找到了一种属于他的答案。卢卡的决策并不是错误的，而是独立完成的创造性决策。

当孩子们通过自己的独立决策最终取得进球，教练员不能因为是自己不曾设想的答案而将其归类为"错误的决策"，更不能因此责备球员。即使在教练员看来，"传球"的行为比"自己单干"的行为更为合理，我们也应该积极鼓励孩子们的创造性思维和独立决策的勇气。

● 案例分享3

> 卢卡在3v3加4个小球门的比赛中尝试向球门方向带球突破，他的面前有一个防守球员。他的队友尤里斯在另一侧的小球门前且没有防守球员的干扰。此时教练员在场边对卢卡喊道："卢卡，传过去！"卢卡并没有选择传球而是带球到射门区域内，并直接将球从防守球员双腿之间穿裆而过完成射门进球。卢卡又一次找到了一个教练员不曾设想的答案。一次带球后的射门得分，既不能说其是一个固执的决策也不能说是一个错误的决策。在较为困难的条件下取得了进球得分，我们同样称其为创造性的解决方案。

综上所述，小场地的对抗比赛中不仅会产生许多不同的比赛情境，同样也会产生许多决策和各种可能的解决方案。七分钟的比赛时间内，小球员的大脑同样也在进行着一场高强度的决策训练。这样的比赛会对孩子们的心理产生积极的影响，并且无意识地积累更多的比赛经验。而教练员在比赛过程中进行的过度指导，往往只会适得其反并抹杀孩子们的创造力。教练员应该更多专注于其他的任务，例如组织比赛、表扬和激励、球员轮换以及比赛时间的掌控等。

教练员在训练中的新角色

教练员在比赛中角色的变化，同样也影响到他在训练中扮演的角色。毋庸置疑的是，当全新的比赛赛制的基本原则转移到日常的实践训练，教练员在训练过程中的角色和职责，也需要进行相应的改革。教练员需要有全新的认识，才能将新赛制的基本原则充分融入到日常训练中。教练员应该成为对抗训练的"建筑师"——负责规划每一个对抗单元，设计每一轮进攻组织，而不是纠正技术动作细节或给出固定的战术套路。在每一轮的进攻组织里，教练员需要给孩子们布置不同的难度和复杂性并与其年龄和能力匹配的新任务，让其独立思考并寻找答案。通过对场地区域、球门大小、特殊规则等进行调整，教练员可以设计和调节不同的训练任务和难度，避免一成不变的训练模式。

儿童足球教练员大部分时间应该"退居二线"，当然偶尔适当的建议与帮助也绝对无妨

　　相反，若教练员给予球员选择的自由，让其独立寻找在比赛中解决问题的方法，则会产生非常积极的学习效果。孩子们不需要死记教练员的指令和规定，而是通过"内隐学习"方式得到进步。在新的比赛对抗形式中，"试错法"也是球员获得进步的一剂良药。他们被允许自己去不断尝试，并探索什么时候适合使用什么样的解决方法。通过这样的教学方法，我们才能培养球员的创造性、独立性和自信心，并在训练课中始终让孩子们保持对足球的积极与热情。

适合儿童的训练指导方式

　　上文中提到的教练员角色的转变，往往会让人产生这样的印象：教练员不应该再进行场上指导了？教练员不应该再纠正球员的错误了？即使这样的印象有些偏激，我们还是想先幻想一下"理想化"的场景来表明我们的基本态度。在"理想化"的训练场景中，教练员仅仅需要搭建场地和摆放器材，并且设置不同的训练任务。而孩子们则自己去寻找和创造每个训练任务的最佳答案。

　　大家可以看到，即使在这样的"理想化"场景中，教练员的角色也绝对不是多余的。他需要负责训练内容的设计以及训练场地的规划。而在现实情况中，这样"理想化"的训练场景其实是很少见的。换言之，并不是每一个球员都能在所有的训练任务中寻找到所有的最佳答案。每当这时，教练员还是应该提供建议与帮助，告诉球员如何找到问题的答案或者直接展示具体的解决方法。

单独建议教学法

在训练过程中，教练员无须横跨整片训练场，而是走到需要帮助的球员身边，进行单独建议或指导，且不中断和打扰其他球员的训练节奏。对于教练员来说，相比象征性地弯下身子和小球员平视，更重要的是注意选择积极的语言，让孩子们能够将教练员的指导吸收消化。

● 案例分享

现在的训练内容是球员进行循环射门练习（不划定射门线），球员可以随意选择起脚射门的位置。教练员发现，卢卡每一轮射门的位置都离球门很远，并且无法将球踢进球门。教练员呼喊了卢卡的名字，并建议他尝试将球往前带几步再进行射门。卢卡点点头，听从了教练员的建议，果然在下一轮的练习中成功将球射进了球门。

我们再来回顾一次这个例子：教练员呼喊着卢卡的名字并笑着朝他招招手示意他过来。教练员蹲下身子和卢卡说："卢卡，你的射门动作已经非常不错。但可惜的是，我们现在还没有把球踢进球门。你想一想，问题可能出在哪里了呢？"卢卡摇摇头。教练员若有所思地拍了拍自己额头并说道："也许你应该往球门方向再盘带几步。你离球门的位置近了，那将球射进球门的可能性也会大大增加。职业球员也是这么做的！我们再来试一次，好吗？"卢卡点点头，拿好球又回到了射门练习的队伍当中。

集体反馈教学法

另一种儿童友好型的教学指导，是和全队球员进行集体的反馈和讨论。教练员可以在一场训练比赛中或比赛后把所有球员召集到一起，并首先询问大家是否玩得开心。这样的开场白能让教练员检验自己训练课的质量，并自然过渡到之后的反馈环节。紧接着教练员可以向大家提问：今天的训练任务和重点是什么？大家对此找到了哪些解决方案？这样的反馈讨论最重要的就是要让教练员与球员之间不断产生互动问答。大部分情况下，球员都能够说出许多或几乎所有的答案，这时候教练员就需要肯定那些正确的回答，并对其他未提及的答案进行补充。此外，这样的集体反馈法还可以帮助教练员用简单直白的语言，解释某些技术动作的优势，例如"为什么大家通常都使用内脚背进行传球？"

和全队一起的"集体反馈"往往能一举两得。教练员通过这样的对话能检验整堂训练课的质量，同时也能给到球员们几个小建议

（脚上最宽的接触面积）或者"为什么使用正脚背射门？"（精准度与力度）。讨论过后，教练员可以要求小球员再一次回到训练实战中，把刚才大家总结的答案进行再一次的温故知新。

集体反馈法可以鼓励孩子们的独立思考，并帮助他们建立自信心。教练员需要通过引导式的提问，让孩子们自己寻找答案。如果他们能够找到正确的答案，这样语言上的重复可以帮助小球员加深记忆，达到更好的学习效果。即使没有找到正确的答案，教练员依然可以用一些提示来引导球员，而不是将答案直接"喂到嘴边"。

● 案例分享

　　教练员设计了15分钟的射门训练。他发现，有不少孩子都喜欢用脚尖射门。于是10分钟后，他暂停了训练并把大家集合在一起问道："射门训练大家觉得有趣吗？大家进了几个球了？"接着教练员继续提问："射门可以用哪些部位？用什么部位更有优势？"然后教练员肯定了那些正确的答案并对正脚背射门的意义进行了补充讲解。最后，教练员要求大家继续完成最后五分钟的射门训练，并尝试用正脚背的部位进行射门。

对训练任务的冗长解释有时适得其反
"教练示范+球员模仿"的方法才是更适合的

示范与模仿——切勿长篇大论

　　教练员在训练场上总面临这样的问题：自己设计的训练内容如何准确传达给我们的球员？对于孩子们来说，他们能集中精力的时间是很有限的。他们只愿意接受短暂的休息，然后迅速回到活动中去。因此教练员与其在解释规则上花费大量时间，不如多使用"示范+模仿"的原则。教练员需要特别注意的是，进行动作示范时更需要强调"宏观"的跑动线路或练习规则，而不是"微观"的身体姿态或技术细节。教练员可以告知球员，示范动作仅仅是规则和线路的演示，大家无须照搬模仿，而是在给定的规则框架下对技术动作进行自由发挥。

差异化学习法——摒弃不必要的技术细节指导

　　教练员常常希望我们的球员通过训练掌握最完美的技术动作。因此教练员会要求自己的孩子们通过不断孤立重复的练习（所谓的"机械重复"）来实现进步，并在此过程中进行动作细节的指导纠正。不过近年来运动训练学领域的研究，对此产生了质疑。想要让每个孩子都实现理论上的"完美"技术动作，前提是每个孩子都拥有百分百相同的身体条件，且每个孩子的体态动作顺序完全一致。而现实情况，正好与之相反。无论是身体条件还是生理发育，每个球员个体都迥然有异。试想让每个拥有"个体性"的孩子去接受同一种"集体性"技术训练方法，显然不会让所有孩子受益。我们更倾向于依据每个球员自身的情况，找到更加适合自己的个体发展道路。

差异化学习法在足球训练中的运用：使用不同材质大小的球类（例如图中的不规则反应球）进行比赛对抗，来提高足球比赛对抗学习的效率

　　提到"个体性"球员发展，一个非常恰当的案例就是德国国家队著名的球员托马斯·穆勒。效力于拜仁慕尼黑的穆勒，曾多次获得过德甲联赛冠军、德国杯冠军和欧冠冠军等荣誉。他是2010年南非世界杯的最佳射手，也曾帮助自己的祖国在2014年问鼎大力神杯。穆勒的技术能力极具"个体性"的特点，无论是无球跑位还是对门前的嗅觉和预判，都能长期保持在世界足坛顶尖水平。

　　在学习和掌握足球技术的过程中，"个体性"是不可或缺的关键因素。因此教练员在儿童足球训练的指导中，不应将过多的关注聚焦于技术动作的细节纠正，而应注重创造设计多样化的训练环境和训练任务，让球员不断在变化的场景里进行技术动作的练习。

　　在日常训练中我们可以结合"差异化学习法"，其原则是通过调节和改变不同的变量，实现提高学习效率的目的。在足球训练中，我们可以结合不同的场地材质（草坪/橡胶地板）、不同的区域大小（场地面积）、不同尺寸的球门（大球门/儿童球门）或不同类型的球来进行训练。通过这样的方式，孩子们不断在不同的环境条件下练习个人技术，可以达到事半功倍的效果。

● 案例分享

　　在射门训练的练习中，教练员的目标是让每一个小球员尽可能获得多次的射门练习机会。他将两个球门在场内面对面摆放进行分组循环，以此能减少球员一半的等待时间。教练员设置一个守门员对其中一个球门进行封堵，而另一个球门则被教练员设计了几个不同的"目标命中区域"，并设置额外奖励分。教练员对球员的射门技术不做过多纠正，让大家自由学习个人化的射门技术。只有当球员的技术完全偏离了"正常轨道"（例如只用脚尖部位射门），且长时间无法用该动作获得成功（转化为进球），教练员才会上前介入并给予一些建议和帮助。

第四章
小场地对抗的训练设计

训练中的小场地对抗训练赛

　　和传统的对抗训练赛相比，小场地对抗不仅仅只有1块场地、2支队伍、2个球门和1个足球；小场地对抗的形式也无须大费周折，即可进行千变万化的设计和改变（甚至不需要中断对抗）。以下几个变量，能帮助教练员在训练中对小场地对抗的规则进行不断调整。

主要变量1：场地大小

　　对抗的场地越小，对抗节奏就越快。这是由于球员与球之间的距离，球员与球门之间的距离都缩短了。相反，若间距越大，比赛的激烈程度亦会变小。当孩子们在小场地进行对抗比赛时，球员与球之间的距离始终不会离得太远。而在大场地进行对抗，部分球员始终站在离皮球较远的位置，这会导致他们触球次数屈指可数，从而很难真正参与到比赛中来。因此，教练员对对抗场地的大小进行变化，可以有效调节对抗的强度。

主要变量2：球员人数

　　每队的人数越少，每个孩子的触球机会和处理球的次数就会越多。科隆体育大学的学术研究中已经证实了这一点——在2v2对抗中，每个球员的触球次数最多。而在7v7对抗中，每个球员的触球次数最少。此外，如果我们考虑球与球员人数之间的关系，就可以显而易见地得到"对抗强度随着球员人数的增加而反比例减小"这个结论。

分组对抗每队人数越
少，每个球员处理球的
次数就越多

在 2v2 的对抗中，有四名球员参与球权的争夺。在 3v3 的对抗中，有六名球员参与球权的争夺。而在 7v7 的对抗中，则共有 14 名球员参与球权的争夺。当我们看到球与球员人数的比例从 1:14 到 1:4 时，就不难理解上文的结论。

除了前文提到的"场地大小"与"球员人数"这两个主要变量以外，在小场地对抗训练中还有许多次要变量可供教练员在教学过程中使用。我们列举其中的部分并尝试加以解释。

次要变量1: 球门大小

小场地对抗训练中，教练员可以对球门的大小尺寸进行改变来实现不同的训练目的。使用不同大小规格的球门，对训练效果会产生显著的差异。使用七人制的球门意味着对射门技术提出了更高的要求。孩子们往往在这样的场景中倾向于更远距离的射门，因为他们意识到守门员很难封堵飞向球门死角的射门。而使用小球门的对抗比赛，会自动引导球员更近地朝射门目标进行带球，并在离球门更近的位置尝试起脚，因为近距离的射门会显著提高命中得分的概率。

次要变量2:球门位置

球门位置的变化对孩子们在场上的移动范围也有着显著影响。如果把两个球门摆放在两侧底线的中间，球员会更多在对抗区域的中路活动，场地边路和角落则可能乏人问津。如果设置 4 个小球门并移至角落，球员则会更好地利用边路发动进攻，并且这样的设置也会引导球员完成更多的两侧转移。

次要变量3: 场地形状

对抗场地的形状也是另一个不可忽略的重要元素。教练员通过改变对抗区域的形状，不断创造全新的，甚至有时"不合常理"的比赛情境，让孩子们从中积累比赛经验，并鼓励其自主完成决策。

● 案例分享 ————

教练员计划了一场使用七人制球门的训练对抗赛，并思考了场地形状的设计。在传统的对抗训练赛中，对抗区域的形状通常和正式足球比赛一样呈矩形。但我们知道，孩子们在比赛过程中往往在场地的四个角落无法找到好的出球方案，特别是从角旗区开始到最后完成进攻的线路。这名教练员同样看到了这个问题，因此他决定"切除"场地的四个角，让对抗区域变为一个八边形（从而增加了"完成进攻"的概率）。当然，将场地标记为圆形或椭圆形也可以达到同样的目的。

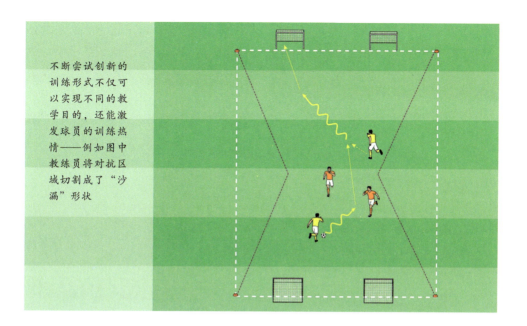

不断尝试创新的训练形式不仅可以实现不同的教学目的，还能激发球员的训练热情——例如图中教练员将对抗区域切割成了"沙漏"形状

综上所述，教练员对球门的种类、尺寸大小、摆放位置以及场地形状的调整变化，都可以影响对抗训练的结果以及球员在场上的行为。除此以外，例如标记特定的区域、特定的画线或者不同的用球等，也都是教练员可以考虑运用的变量。在训练教学过程中，不断尝试创新的训练形式不仅可以实现不同的教学目的，还能激发球员的训练热情。

在对抗训练中强化儿童的足球基本功技术

借助上文提到的主要变量和次要变量，教练员可以在教学时完成对某一项基本功能力或特定技术的强化训练。和传统的对抗比赛相比，球员会在这些变量和规则的"引导"下，无意识地且更频繁地完成对这一特定技术动作的练习。以下是一些举例：

射门

"球门所在，射手即至。"——射门永远是孩子们的最爱（即便是远距离的射门）。想要鼓励更多射门行为的发生，教练员可以在对抗时不设置守门员、或者划定一条射门线（射门须在触线之前完成）、或设置远距离射门的额外奖励分。若球出了边线，可以设置允许球员从边线直接射门的规则。当然，教练员也可以在球门内悬挂不同的物件（如训练圈、分队背心等）标记为射门的"靶心"，以增加射门的难度和趣味性。

技术1：
学习和改善射门能力

技术2：
学习和改善带球能力

带球

使用小球门的对抗比赛会天然地鼓励球员完成更多的带球行为，因为离球门越近的地方起脚，进球的概率也就越大。因此通过4个小球门和射门线的划定，可以强化带球动作的发生。教练员也可以将小球门换成标志杆门或标志桶门，此时球员必须带球穿越才算得分，这样的设置进一步"迫使"球员完成更多的带球行为。

传球/接球

使用小球门的对抗比赛还会促使球员学习用内脚背完成射门。孩子们在比赛过程中会很快发现，相比用正脚背射门，使用脚内侧的"传射"有着更高的成功率。而4个小球门的摆放，同样激励球员完成更多的两侧传球转移。球员会更愿意将球传给在场地另一边无人防守的队友，并学习如何在进攻方向的线路上完成接球和领球向前（朝着对方球门的方向）。如果我们把小球门的朝向做一个180度的翻转，可以引导更多纵向传递的发生。当球出边线时，可以设置"传球快发"的规则，以此增加传接球的练习频率。此外，教练员可以设置人数不均等的对抗练习。在"以多打少"的状态下，人数占优的一方同样会自然而然地完成更多的相互传递，以突破对方的防守。

左右脚平衡

小场地对抗训练，也是鼓励球员练习左右脚能力平衡的绝佳平台。射门线的设置避免了远距离起脚，这意味着球员可以更多尝试使用"非惯用脚"完成射门。教练员可以规定球出界后的带球入场或传球入场时必须使用"非惯用脚"，或设置额外奖励分来鼓励球员使用"非惯用脚"射门。

上述这些案例都表明，小场地对抗训练中涵盖了各种不同的基本功技术动作的学习。相比于简单枯燥的机械重复，孩子们在比赛对抗的情境中完成基本功技术的高频率练习，这样的技术练习无疑是更高效的。

技术3：
学习和改善传接球能力

技术4：
学习和改善左右脚平衡能力

设置和使用特殊规则

所谓的"特殊规则"是指，教练员在对抗比赛过程中设定某一个特殊的规则，来"诱导"球员在场上更频繁地完成某一种行为。通常这样的规则设定可以强化教练员所希望实现的某一项训练重点。

常见的特殊规则包括：

射门必须在规定的区域内或区域外完成；用"非惯用脚"射门或在一定距离以外的射门获得双倍分数（训练重点：左右脚平衡、射门）；当球出边线后需要传球入场或直接射门（训练重点：传接球、射门）；限制触球次数（例如：允许最多三次触球，训练重点：传球）；假动作过人后的射门获得双倍分数（训练重点：带球）；禁止守门员大脚开球（训练重点：后场进攻发起）。

特殊规则的设置是千变万化的，教练员可以根据自己的教学重点不断进行创新和尝试。但我们也需要注意，教练员切勿急功近利，同时设置过多的特殊规则来"过度限制"孩子们的对抗比赛。并且教练员设计的特殊规则也要与孩子们的实际年龄和能力相匹配，才能达到最佳训练效果。

● 案例分享 ────────────

一名教练员正安排球员进行3v3加4个小球门的"一脚球"对抗训练。也就是说，每个球员只能进行一次触球。教练员希望通过设置这样的特殊规则，改善球员的传球能力。但事与愿违，比赛变得非常不流畅。球不仅经常出界，且许多球员将球停在脚下却（因为规则限制）无法继续传球。教练员发现，这样的规则设置对他的球员来说要求过高了。因此他迅速调整了规则，允许每名球员三次触球。

传统的练习形式：球员按顺序完成绕杆带球练习

练习形式训练与对抗形式训练的区别

　　一堂训练课通常由不同的训练单元和训练形式构成。而我们说的"训练形式"往往可以分为两类："练习形式"训练与"对抗形式"训练。在开始分析"练习形式"训练与"对抗形式"训练对于儿童足球训练中的相互关系之前，我们首先来梳理一下两者之间的区别。

　　练习形式的训练通常指，以某个技术动作或身体协调为重点进行反复多次的孤立练习。我们经常用"熟能生巧"来形容通过重复实践、反复"研磨"（德语中通常用"Einschleifen"一词）这一行为来巩固和提高某种技能。传统的练习形式训练包括：绳梯协调训练、循环传球练习、绕桩带球、循环射门练习等。

　　对抗形式的训练与之相反，通常指代由攻防两队组成，包含球门和球且计算双方得分的训练形式。通过互相的对抗比赛，不同的训练重点加以组合而完成综合性的训练。例如含有4个标志杆门的2v2对抗、含有4个小球门的3v3对抗、含有2个七人制球门的4v3对抗或5v5对抗等。

　　上问提到的"绕桩带球"和"3v3对抗"毫无疑问可以各自归类到"练习形式"训练与"对抗"形式训练。但有的时候，某些训练设计我们很难将这两者进行绝对的区分归类。例如追逐游戏、1v1对抗、两队的游戏竞争、进攻演练（如2v1或3v2）或抢圈练习等。此类训练项目同时存在"练习"和"对抗"的元素，因此归至任意一类皆可。

经典的对抗形式训练：两队为了进球或得分而进行相互对抗比赛

儿童足球训练中"过度孤立练习"的问题

　　基本功技术练习，在传统的足球训练中大多是通过上文中提到的孤立"练习形式"来完成。但这样的训练方式有时并不适合我们的孩子，并会产生一系列的问题。孤立的练习形式往往离我们真实的足球比赛对抗很遥远。通常来说，比赛中要求什么，我们就应该练什么。而"练习形式"的训练缺少了来自对手的压力，显然是一种与实战"脱节"的训练方式。此外，过多枯燥无味的动作重复对于低年龄孩子们来说，这样的训练也会让他们丧失对足球的热情。

● 案例分享 1

　　两个小球员面对面进行互相传球的练习。教练员希望通过不断的重复练习来提高球员的传接球能力。但传球球员在静止状态下进行传递，这显然与实战情景不符。在实战中，绝大多数的传接球都是在运动状态下完成的。同时在这个案例中，接球球员也处于静止的状态（所谓把球停"死"了）。在真实的比赛中，我们往往要求球员在跑动中接球并尽可能朝着进攻方向领球。此外，这样的练习也缺少可以调节的"变量"，始终是一成不变的。

十个小球员各持一球，横向排列成一行并依次进行射门练习。教练员希望通过这个练习来提高球员的正脚背射门能力。如果我们仔细研究这个练习，就会发现球员的等待时间过长。第十名球员在轮到自己射门之前，可能需要等待数分钟。而第一名球员在完成第一脚射门后同样也要排队等待相同的时间。这样的循环练习不仅相对枯燥，同样也是与实战脱节的。在真实比赛中，除了定位球的主罚（在儿童足球中几乎很少发生），所有的射门几乎都是在运动战中完成的。而作为守门员来说，孤立的射门练习会导致每脚射门都来自同样的距离。

结合比赛与竞争的练习形式训练

上述案例体现了儿童足球训练中普遍存在的问题。这些练习形式的训练既不有趣也不贴近实战，有些甚至根本不适合这个年龄段的孩子。但如果我们转变思路，增加一些比赛竞争的元素，训练形式就可以瞬间变得生动有趣。教练员可以让球员进行分组比赛，通过互相竞争来调动球员积极性并提高训练的节奏。而在每组训练动作的最后加上射门环节，则可以视为对球员的一种"嘉奖"。以下是一个结合比赛元素的练习形式案例：

循环射门练习或射门竞赛

回忆一下上文提到的两个传统的练习形式训练的案例。我们现在来尝试将这两个练习设计得更合理、更贴合实战以及趣味性更强。在第一个传球练习中，我们可以在场地中摆放若干小球门。球员在场地内自由带球并在跑动中完成互相传递。球员在连续五次成功的传球之后允许对任意一个小球门完成一次射门。

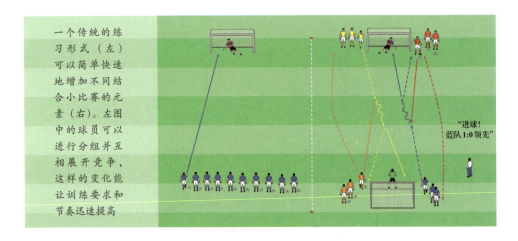

一个传统的练习形式（左）可以简单快速地增加不同结合小比赛的元素（右）。左图中的球员可以进行分组并互相展开竞争，这样的变化能让训练要求和节奏迅速提高

"进球！蓝队1:0领先"

而在第二个练习中，我们可以设置第二个球门并将球员分为几个小组以缩短等待时间。球员按次序从门柱两侧开始进行带球并完成射门。引入了竞争机制，训练的强度和节奏瞬间得到了提升。我们可以看到，一些微小的调整就可以取得立竿见影的效果，球员的训练积极性可以得到充分的调动。

比赛就是最好的训练

即便如此：比赛就是最好的训练。首先，对抗形式的训练，能天然唤起孩子们参与的积极性，它符合孩子们爱比赛爱活动的本性。对抗形式注重对球员综合能力的训练，通过比赛对抗可以让球员的各项基本功技术得到全方面的提升。当然，我们并不是反对练习形式的训练设计，而是提倡在练习形式中加入更多的比赛机制。两种训练形式的互补和交替可以让训练课中不同的单元变得更为流畅。无论是练习形式还是对抗形式，教练员始终要秉持"训练设计与孩子年龄、天性及能力相匹配"这一原则。

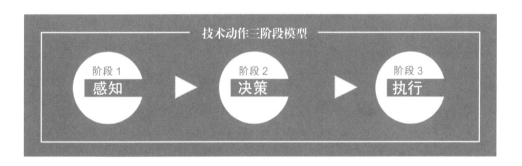

技术动作三阶段模型：更青睐"对抗形式训练"的理由

运用对抗形式训练的优点，可以通过这个"技术动作三阶段模型"加以阐释。在足球比赛中球员的每一个技术动作，都可以拆分为这三个阶段。首先球员需要观察识别场上的情况，然后大脑进行选择（使用）什么样的处理球方式，并最终完成技术动作的执行。有的学者也将第一阶段的"感知"拆分为"观察"和"理解"（所谓的"四阶段模型"）。我们在本书中暂且将这两者统一归分为"感知"阶段。

传统的练习形式训练，往往训练的只是第三阶段的技术"执行"，而忽略了之前的感知与决策阶段。而对抗形式的训练则涵盖了所有三个阶段的训练。除了在技术执行层面，球员的大脑认知能力也能得到很大的提高。

下方的案例可以清晰地体现对抗形式训练的优点。在比赛对抗过程中，孩子们要时刻面对各种不同且不断变化的比赛情境。从感知到决策再到动作执行，球员在无意识中自动完成了对三个阶段的训练。此外，对抗形式的训练也会更多地激发球员自主思考决策与创造力。

● 案例分享 1

练习形式训练案例：

　　两组球员分别在场地两侧，一字排列面对面站立。场地中间摆放若干标志盘。第一名球员持球进入场地，绕标志盘完成带球后将球交给另一侧的球员，后者完成相同动作并以此类推。教练员希望通过这个练习来提高球员的带球技术。虽然这样的设计可以完成这一训练目标，但只有带球技术的"执行"部分（模型中的第三阶段）得到了训练。在这个练习中，没有涉及关于球员带球时"感知"和"决策"的部分，且相对枯燥无味。

● 案例分享 2

对抗形式训练案例：

　　教练员设置一个约 10 × 10 米的对抗区域并摆放 4 个小球门。两组球员分别在场地两侧，两个小球门之间的位置站立。第一组球员开始进行 1v1 的对抗训练。若球打进球门或出界，下一组球员开始同样的对抗练习并以此类推。每一名球员可以对对方任意一个小球门进行攻门，也需要对本侧的两个小球门进行防守。教练员通过这个训练同样希望提高球员的带球技术。

　　除了带球技术的训练，在这样的 1v1 对抗场景中，假动作技术、节奏变化和防守抢断等技术动作（模型中的第三阶段）也得到了训练。除此以外，模型中的前两个阶段同样得到了训练。球员需要观察，从防守球员的哪一侧进行突破？哪个球门是无人防守的？作为进攻方的球员需要决策，朝哪个球门的方向进行带球。而作为防守方的球员同样需要决策，抢断动作在什么时机和地点完成。

本书将足球比赛中常见的二过一场景进行了拆分归类，用通俗易懂的语言阐释了如何通过比赛场景进行训练转化。德国国家队主教练纳格尔斯曼与巴塞罗那俱乐部主教练弗里克共同作序，并称其为"足球青训教练的圣经"。

中文版另由前德甲球员、现任中超青岛西海岸俱乐部主教练邵佳一推荐作序。

第五章
以五大基础板块设计对抗训练

儿童足球的基础要素

儿童足球训练的基础要素，通常由五大板块构成：

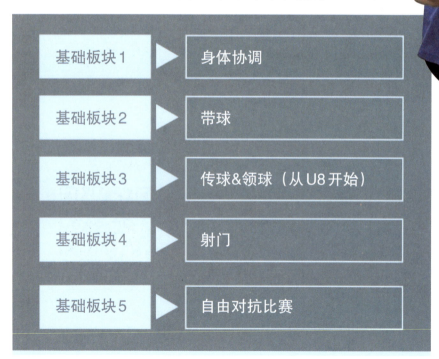

基础板块 1	▶	身体协调
基础板块 2	▶	带球
基础板块 3	▶	传球&领球（从 U8 开始）
基础板块 4	▶	射门
基础板块 5	▶	自由对抗比赛

5

儿童足球训练中一个重要的基本功：射门技术

每一堂儿童足球的训练课，都应该由这几个板块组成，且每一个训练形式中应该至少包含五大板块中的任意一项。而其余元素例如复杂的战术、位置训练或守门员专项训练等，则不应该或尽可能少地出现在儿童足球训练课中。我们应该始终记住，孩子们不是"缩小版"的成人，因此我们不应该将成人足球中的许多组成部分搬到儿童足球的训练课中。教练员需要给孩子们教授足球比赛的基础知识，并随着孩子们年龄的增长补充更多细节指导。

有的教练员喜欢给小球员布置比赛战术并安排场上位置。我们认为，这样的方式对于这些足球初学者来说有百害而无一利，不应得到提倡。在儿童足球的教学中，我们首先需要给孩子们传递足球运动的核心本质：进球与阻止进球。因此小球员要学习如何一起参与进攻且一起参与防守。除此以外，教练员可以循序渐进地向孩子们传授足球比赛中的基本原则：利用人数优势抢断皮球、通过无球跑动创造出球点、利用场地的宽度和深度制造传球线路等。这些知识对于低年龄段的孩子来说已经足够了。更多复杂战术的教学意味着更多的规则限制，而这样往往会泯灭孩子们的创造力和自由决策的能力。同样，位置专项训练在小场地比赛对抗中也显得毫无意义，并会阻碍孩子们的自由发展。所有的球员应该得到同样的任务——他们即要一起向前参与进攻，也要一起回撤参与防守，左右两侧的球员也需要经常轮换位置。如果只对一边进行防守，持球方就可以轻易朝另一边的球门发动进攻。如果只站在前场不参与防守，队友就势必在防守时寡不敌众。而如果只站在后场不参与进攻，前场就少了一个传球点，本方的攻势也由此被削弱。

守门员专项训练也是一个不可避免的话题。许多教练员有过这样的讨论：含有4个小球门的小场地对抗比赛中不设置守门员，是否会影响守门员的培养？为什么不应过早进行守门员的专项训练？现代足球中对守门员的"脚下"能力提出了越来越高的要求，一个好的守门员需要从后场开始组织进攻，并且时刻移动到可以接球的位置。现代足球中的守门员，往往是本方进攻的第一发起人。而小场地比赛对抗训练，能使"未来的守门员"和其他任何位置的球员一样，得到充足的"脚下"技术的训练时间。科隆体育大学的学术研究同样证实了这一点——在使用七人制球门的小场地比赛中，守门员处理球的机会相比大场地比赛要多出约20%。因此我们可以得到这样的结论，即使我们放弃了低年龄段的守门员专项技术训练，也依然能培养出甚至更优秀的守门员。当然，在日常训练或比赛中，我们也应该让所有球员都得到守门的机会，通过不断轮换来积累球员守门的经验。

如今的守门员需要更多地参与进攻发起。最新的学术研究表明，在小场地的比赛中，守门员处理球的机会相比大场地比赛要多出约20%

球、球门与自己——不要过早练习"传球"

传球技术与停接球技术不应该出现在幼儿足球(U6/U7)的教学训练中。对于大部分的低年龄儿童来说，他们出于身体构造的原因还没有能力控制自己的脚外转并用脚内侧传球。此外，这个年龄段孩子们的认知观察能力是很有限的。他们会观察球、球门与自己的位置，但很难做到同时观察队友的位置。因此我们在上文的"儿童足球训练的基石"中提到，第三板块传球和领球的技术练习，建议在孩子们7岁以后再进行系统训练。而其余4个板块的内容，适合所有的足球初学者。

儿童足球的训练计划制订——五大板块还是单一重点？

在过去的许多年里，教练员往往遵循"训练重点模块化"的原则来制订球员的训练计划。训练重点模块化是指，教练员会围绕某个单一的训练重点（例如带球技术或传球技术），制定数周的训练内容，而无论是练习形式还是对抗形式的训练，其内容都只针对这一个训练重点。

但对于低年龄儿童足球训练来说，"训练重点模块化"也存在一些缺点。一方面，这样的计划制订对于教练员来说需要投入相当的时间精力，每个赛季从第一周到最后一周的训练计划都要提前缜密考虑，计算各训练重点的占比。另一方面，由于教练员强调某个"单一"的训练重点，这样的训练中往往会过于"死抠细节"，导致训练本身完全脱离了实战情境。

使用五大基础板块原则，教练员能最大限度地灵活设计训练课

　　因此针对儿童足球训练，我们可以使用上文提到的"五大基础板块"来设计训练课。教练员以某个基础板块为训练重点且以对抗形式进行训练设计，一堂生动有趣充满挑战的训练课就会立即呈现在眼前。

● 案例分享

　　在每周两次的训练课中，教练员将每堂训练课分解为五个对抗环节。每周两次的训练内容都包含：

- 对抗1：身体协调
- 对抗2：带球
- 对抗3：传球
- 对抗4：射门
- 对抗5：自由比赛

　　一周后，教练员希望尝试新的以"带球"和"传球"为训练重点的对抗练习。因此他在一节课中可以对某个板块进行两组相同对抗的设置。教练员的训练安排如下：

周二训练课：
- 对抗1：身体协调
- 对抗2：带球
- 对抗3：带球
- 对抗4：射门
- 对抗5：自由比赛

周四训练课：
- 对抗1：身体协调
- 对抗2：传球
- 对抗3::传球
- 对抗4：射门
- 对抗5：自由比赛

利用五大基石板块的原则来设计训练课，其优点是显而易见的。教练员可以通过不同板块内容的拼接组合，设计多样化且可变性高的训练课程，且训练计划的整体规划也能更高效地完成。对于孩子们来说，形式内容丰富的训练课能更好地调动他们的训练积极性。而每节训练课中都包含的几大基础模块，可以让球员的技术能力得到全面均衡的提升。如同上文的案例一样，教练员根据实际需求，可以对一堂训练课中的几个基石板块进行调整（例如减少一个板块，或重复某一个板块）。

多"赛"少"练"——给孩子们更多的自由比赛时间

许多教练员对一堂儿童足球训练课的设计还持有这样的刻板印象：四五个技术练习，最后再来一场小比赛。通常来说，一场训练课大约为90分钟（低年龄幼儿足球训练课为60分钟）。训练结束前来一场20分钟的小比赛（幼儿足球中15分钟），只达到了一堂训练课四分之一不到的占比，这样的比例显然不能满足孩子们的愿望。对于儿童来说，他们活泼好动，喜欢探索并有着强烈的求知欲。他们参加足球训练，希望能学习并提高自己的基本功能力，更希望能踢上更多的比赛。而70分钟技术训练与20分钟小比赛这样的一个时间配比，往往和孩子们的愿望还有很大差距。在训练课上我们经常可以听到这样的疑问："教练，我们什么时候开始踢比赛呀？"

随着引入对抗形式的训练方法，多"练"少"赛"的现状将得到改变。由于社会的发展变迁，几十年前街头足球的景象如今已经很难看到。但在一堂足球训练课上，我们要给孩子们创造更多对抗比赛的机会和时间，一堂训练课进行对抗比赛的时间，应该至少达到一半以上的占比。就如前文中提到的，技术教学应该融入我们的对抗训练设计中，提高对抗比赛的时间，并不意味着忽视了足球基本技术训练的重要性。恰恰相反，通过小场地对抗训练，球员的基本功技术能得到更全面、更高强度且贴合实战的训练。在下文中，我们将和大家介绍两种训练课的结构划分方法，并解释"对抗形式"与"练习形式"的相互关系。

在"对抗—练习—对抗"的方法中，对抗形式的训练占大部分的比例。而练习形式的部分（如案例中的基础模块2）可以视为两节对抗中间的"中断暂停"

训练结构设计1："对抗–练习–对抗"模式

第一种将训练中比赛对抗时间提高的方法，可以称之为"对抗–练习–对抗"模式。教练员在设计训练单元时，将"练习形式"与"对抗形式"交替进行，而训练内容须涵盖多个前文提到的基石板块。通过这样的变化，球员在一堂训练课里比赛对抗的时间可以显著提升，并至少不低于50%。这样的方法能让一堂训练课变得生动有趣，充满多变的可能。教练员也可以适当增加每个"对抗形式"训练单元的时间，让孩子们能得到更多的净对抗时间。

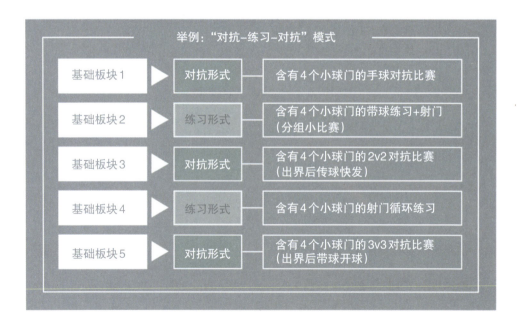

举例："对抗–练习–对抗"模式

基础板块1	▶	对抗形式	含有4个小球门的手球对抗比赛
基础板块2	▶	练习形式	含有4个小球门的带球练习+射门（分组小比赛）
基础板块3	▶	对抗形式	含有4个小球门的2v2对抗比赛（出界后传球快发）
基础板块4	▶	练习形式	含有4个小球门的射门循环练习
基础板块5	▶	对抗形式	含有4个小球门的3v3对抗比赛（出界后带球开球）

在"对抗-对抗-对抗"的模式中，练习形式的训练被完全摒弃了。从训练第一分钟到最后一分钟，所有的孩子始终在比赛对抗的形式中进行训练

训练结构设计2："对抗-对抗-对抗"模式

第二种训练课结构划分的方法，可以称之为"对抗-对抗-对抗"。教练员将整节训练课中的每一个单元，都采用对抗形式的训练方法，并将每一个基础板块植入不同单元的对抗训练中。通过对场地器材或对抗规则的调整，教练员可以切换不同的训练主题和重点。在"对抗-对抗-对抗"模式下，孩子们拥有100%的时间用以对抗比赛，大家积极性提高的同时，也得到了更多的触球机会，并始终伴随着来自无球方球员的压力。

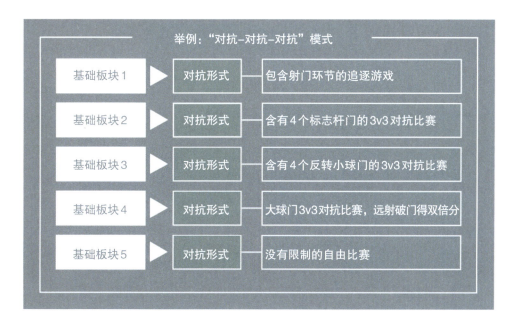

举例："对抗-对抗-对抗"模式

基础板块1	▶	对抗形式	包含射门环节的追逐游戏
基础板块2	▶	对抗形式	含有4个标志杆门的3v3对抗比赛
基础板块3	▶	对抗形式	含有4个反转小球门的3v3对抗比赛
基础板块4	▶	对抗形式	大球门3v3对抗比赛，远射破门得双倍分
基础板块5	▶	对抗形式	没有限制的自由比赛

"练习形式"也无须过度贬低。有些练习形式的训练内容同样值得称道且充满趣味，特别是当这类训练与相互竞争比赛的元素相结合

两种训练结构设计的结合互补

无论是对抗形式和练习形式的交替进行，还是整堂训练课都以对抗形式完成，上文提到的这两种方法都能让孩子们得到更多的比赛对抗的时间，并将五大基本功的内容始终贯穿其中。我们也可以将这两种模式进行结合，例如教练员设计了一堂"对抗-对抗-对抗"模式的训练课，但在教学过程中也可以随机应变，将某一个单元转变为"练习"形式。

需要澄清的是，我们在这里绝无贬低"练习形式的训练"之意。有些练习形式的训练内容同样值得称道且充满趣味，特别是当这类训练与射门动作以及相互竞争比赛的元素相结合。例如之前提到的循环射门练习，加上了分组比赛的规则后同样也是非常不错的训练方法。作为教练员，我们在设计训练内容时可以经常反问自己：这个训练重点若使用"对抗形式"进行训练，是否能达到和"练习形式"一样的训练目的？若得到肯定的答案，我们可以优先考虑"对抗形式"的训练。反之，我们可以尝试设计包含分组竞争元素的"练习形式"训练。

● 案例分享

　　教练员希望所有的球员射门时尽可能用正脚背部位触球，以此提高射门能力。他摆放了两个面对面的球门，计划进行循环射门练习，同时将球员分组进行射门"小比赛"。他问自己：如果这个练习使用"对抗形式"来替代，是否可以达到同样的训练目标？答案是：几乎是，但不完全是。当教练员设计含两个大球门的小场地对抗训练，可以通过设置射门线或远射得分翻倍的规则来鼓励更多的射门行为，但部分球员的射门次数仍然无法达到循环射门练习中的次数。

通过这个案例我们可以看到，循环射门练习与分组"小比赛"的结合，也是一个非常不错的选择。从练习"射门"技术的效率角度而言，其至更优于小场地对抗形式的训练。而对抗形式训练的优点在于，除了射门技术以外的其他各项技术能力也能在对抗中得到锻炼。

训练中设置分组竞争的重要性

在儿童足球训练中，教练员让孩子们时刻进行相互的竞争有着十分重要的意义。前文提到，如果我们的训练设计是非"对抗形式"的，那就试试尽可能在所有的"练习形式"训练中加入互相竞争的元素。对于孩子们来说，他们有着极强的好胜心，互相之间总想一决高下：谁的速度最快？谁的身体最强壮？谁的技术能力最出色？引入这样的竞争机制，孩子们就会更积极主动地参与训练。训练课中的"小比赛"既可以是"个体竞争"（谁踢进了最多的球？谁首先完成了八个进球？），也可以是"团队竞争"（哪队的带球最快？哪队踢进了更多的球？）。

重视左右脚能力的平衡

教练员在球员幼儿启蒙阶段的足球训练，应该注重左右脚能力的均衡发展。对于这个年龄段的孩子们来说，他们通常还没有形成自己的"惯用脚"和"非惯用脚"，因此对于双脚能力平衡的尽早介入，可以收获事半功倍的效果。左右脚能力的均衡关乎所有基本功技术动作，因此应始终贯穿于所有五大基础板块的训练设计中。一旦孩子们形成并确定了自己的"惯用脚"，就会固执地只展现自己"最好的一面"，因为这样会给他们带来更多的成功体验，更犀利的射门和更精准的传球。此时，教练员在训练设计时，就需要用各种方法和规则来激励球员更多使用"非惯用脚"。例如缩短射门距离、设置额外奖励分或规则限定只允许使用"非惯用脚"来完成带球、传球或射门。

当然，在现实情况中想让孩子们的左右脚能力达到百分百的平衡是很难实现的。即便如此，通过对球员更多"非惯用脚"的训练，能让球员在场上更加自信，对他们长期的运动发展带来许多积极的影响。

● **案例分享1**

在循环射门练习的前几轮中，教练员允许球员在划定的区域内自由射门。几轮练习过后，教练员将划定的区域前移到离球门更近的位置，并规定球员只能用"非惯用脚"进行带球和射门。

在一次4v4小场地对抗练习（含两个七人制球门）中，教练员设置了一条规则：球员若使用"非惯用脚"射门，进球可以获得双倍得分。

训练尾声自由比赛的重要性

即使整堂训练课都采用了"对抗形式"的训练，在训练结束前给孩子们来上一场"自由"的足球比赛也并不是多此一举。孩子们都向往没有约束和限制的"真正的足球比赛"。而在训练课中的对抗比赛，教练员出于对训练重点的关注，往往会进行各种场地和规则上的限定。因此在训练尾声安排一场没有任何特殊规则限制的自由比赛，总会受到孩子们的追捧。当然，教练员可以根据实际情况做出调整。如果在训练课中已经有过充足自由比赛的时间，教练员也可以在训练结束前安排例如"射门小比赛"之类的趣味内容。

U12/U13过渡阶段——不要惧怕大场地比赛！

德国目前的儿童足球赛制改革涉及的年龄段从五岁到十岁（U6–U11），而U12/U13年龄段并未涉及。在德国，这个年龄段的比赛赛制是在70×50米的比赛场地（标准球场两侧大禁区线之间的区域）进行9v9的比赛。比赛设置裁判，并包括了边线球、角球和越位的规则。而许多俱乐部和教练员都担心，从小场地对抗到9v9的跨度有些过大。因此许多教练员过早地让球员在大场地中进行对抗训练，以提前适应和准备之后的大场地比赛。

这种担心是没有根据的。事实上，球员在儿童时期经过常年的小场地比赛和对抗训练后，其技术和个人战术都会受到良好的训练。他们积累了大量的处理球的经验并时刻面对不同的比赛情境，在短时间的磨合后都能很好地适应更大场地的比赛。相反，过早在大场地进行对抗和比赛，并不会给球员带来益处。我们的建议是，尽可能更长时间地让小球员在小场地环境中进行对抗和比赛，以便他们获得更多的触球机会并积累丰富的比赛经验，而这一点在大场地比赛和训练中，往往无法实现。

比赛前的热身准备

在赛制改革后，新的小场地比赛往往是高强度的。在一场约42到49分钟的比赛中，每个孩子都有大量的触球次数并需要时刻保持专注，大家很快会变得筋疲力尽。因此比赛前的热身准备，也是不可忽视的重要环节。

一般来说，低年龄段的孩子们不需要进行成人足球中的"传统热身"以预防受伤。幼儿足球中肌肉拉伤的情况几乎是不存在的，这是因为儿童的筋骨接合处相对较为松弛，这使得他们的肌肉和关节更具弹性，且身体柔软度高，能够承受更大的运动压力而不易受伤。因此传统热身环节中的无球慢跑和拉伸，并不是孩子们赛前热身的正确选择。孩子们的热身应该定义为一个身体激活阶段，以适应和准备好即将到来的高强度对抗比赛。激活阶段通常不要超过10分钟，避免体能的过早消耗。

教练员可以安排两到三个激活热身的内容，例如追逐游戏、抢圈或其他足球小游戏。我们也可以把这样的激活热身视为一场"小型训练"，内容设计上既要考虑趣味性，也要考虑贴合比赛情境，让球员在短时间内迅速进入比赛状态。

小球员的热身环节可视为身体的激活且不要超过10分钟，迎接他们的将是一场高强度的比赛对抗

德国目前的儿童足球赛制改革尚未涉及U12/U13年龄段。这个年龄段的比赛和成人足球一样有传统界外球、越位等规则并有裁判执法

小场地对抗训练的无限可能—— 创造力与实验精神

本章中，我们阐述了儿童足球训练的五个必练的基础板块，也介绍了教练员如何通过改变场地形状、制造人数优势、设置特殊规则等方法，对某一个基础板块进行强化练习。最重要的是，教练员通过使用这些方法，能制造并引导球员在一个练习单元中，更频繁地完成所希望出现的技术动作。（如果今天的训练重点围绕"带球"，教案中设计的规则就要符合"多出现带球动作"这一逻辑。）同时，教案的设计也须考虑前文提到的"三个阶段"，让孩子们始终在不同的场景进行观察与决策。教练员对训练内容的编排要勇于创新，不断尝试。在不断的调整和试错中，去观察球员的训练效果并总结优化。"创造力"这几个字，不仅是对球员的要求，也是对教练员的要求。由于篇幅有限，本书中只能列举部分案例，希望我们的教练员能够创造更多无限的可能。

比赛场地就是训练场地

"小场地对抗"既是指周末的正式比赛，也要出现在日常训练中的每个角落。周末的比赛对抗是平日训练对抗的一种延续与检验，而训练与比赛应该使用相同规格的场地布置。周末比赛时场地摆放的小球门（或七人制球门）、射门区域和标记物等器材，在平时的训练对抗中可以直接沿用或增减。

因此，我们的比赛和训练理论上都可以在同一空间内完成，变化的只是前文提到的各种规则和"变量"。如果我们训练课的球员人数较多，可以在场地上划出两片（或更多）相等的区域，将球员分组同时进行训练，主教练和助理教练（或家长）分别负责一块训练区域。孩子们既能在自己熟悉的环境中训练和比赛，也能很快适应不同规则下的新挑战。

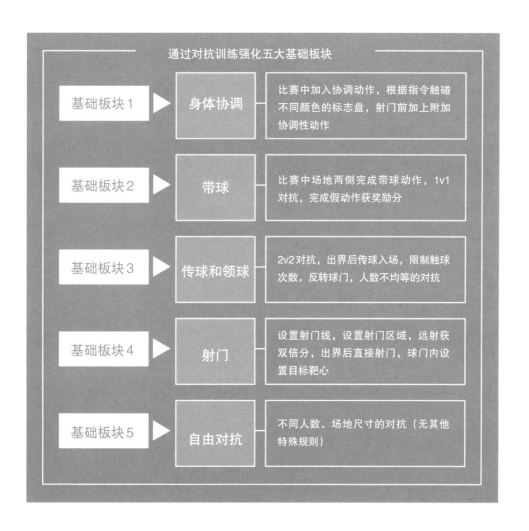

通过对抗训练强化五大基础板块		
基础板块 1	身体协调	比赛中加入协调动作，根据指令触碰不同颜色的标志盘，射门前加上附加协调性动作
基础板块 2	带球	比赛中场地两侧完成带球动作，1v1对抗，完成假动作获奖励分
基础板块 3	传球和领球	2v2对抗，出界后传球入场，限制触球次数，反转球门，人数不均等的对抗
基础板块 4	射门	设置射门线，设置射门区域，远射获双倍分，出界后直接射门，球门内设置目标靶心
基础板块 5	自由对抗	不同人数、场地尺寸的对抗（无其他特殊规则）

第六章
全新对抗形式的训练教案

四种赛制：100个训练教案

在本章节中，我们将向大家展示教练员如何通过全新的四种不同年龄段儿童足球比赛赛制和场地，进行不同训练教案的设计和衍生。在这一章节中我们会展示不同的实践教学案例，所有内容都是和孩子们年龄与能力相匹配的，教练员可以通过简单的解释和动作示范，以便球员快速理解规则。本章节所选取的教案都是贴合实际比赛情境的对抗或带有竞争机制的练习，因此在本章节中我们不再刻意区分练习形式和对抗形式，而是统称其为"**对抗比赛**"。

本章节中所有100个训练教案都涵盖了儿童足球训练的五大基础板块——从身体协调、带球技术、传接球技术、射门技术到自由比赛对抗。这些教案符合本书中关于儿童足球训练的基本理念和教学方法，通过不同对抗情境和任务的设计，让球员自行决策并寻找富有创造性的解决问题的答案。更重要的是，我们不能忽视儿童足球训练课中"趣味至上"的原则。训练课中孩子们的欢声笑语，才是他们对热爱这项运动最真实的表达。

6

本章节中所有的训练教案都会通过不同对抗情境
和任务的设计，让球员自行决策并寻找富有创造
性的解决问题的答案

2v2对抗加4个小球门与中线

在这个对抗形式中需要4个球员和替补轮换球员。搭建场地需要使用6个标志盘和4个小球门

关于赛制改革的延伸讨论

》为什么进行新的赛制改革?

将皮球控制在脚下并完成射门得分——相信这是孩子们热爱足球运动最根本的原因。全新的赛制给孩子们创造了更多积极参与比赛、自己控球与射门以及体验成功的机会。在新规则下,球员被分为了人数更少的若干小组,球员在比赛过程中频繁地进行轮换,低年龄段的比赛设有4个小球门。这些规则的引入可以有效促进每一个儿童个体运动能力的全面发展,并让孩子们对足球运动保持持续的热爱与投入。

》如何将改革推广到全国?

在2022年3月11日德国足协青少年足球发展会议上,新的儿童足球赛制改革被正式通过,并将于2024/25赛季开始在德国所有联邦州足协开始全面铺开。在2024年夏天之前,各州足协可以自愿对U6到U11年龄的儿童进行新赛制的先行试点。从2024/25赛季起,新的赛制规则将适用于全德国所有此年龄段的儿童正式比赛。

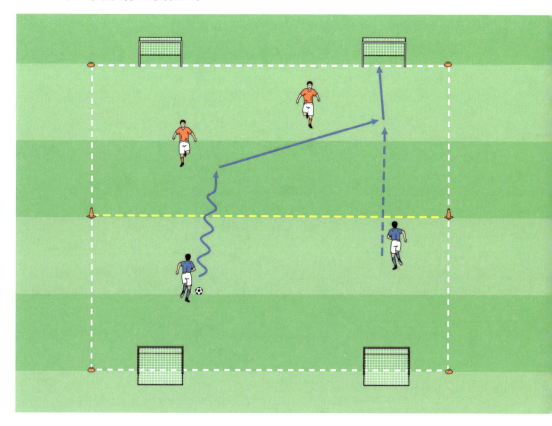

2v2对抗加4个小球门

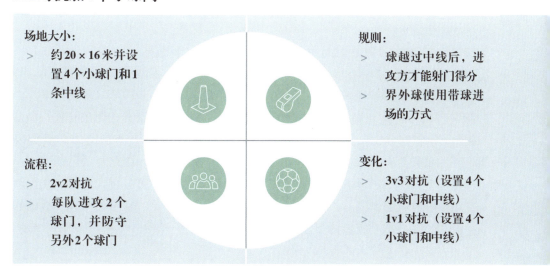

场地大小:
> 约20×16米并设置4个小球门和1条中线

流程:
> 2v2对抗
> 每队进攻2个球门,并防守另外2个球门

规则:
> 球越过中线后,进攻方才能射门得分
> 界外球使用带球进场的方式

变化:
> 3v3对抗(设置4个小球门和中线)
> 1v1对抗(设置4个小球门和中线)

基础板块：身体协调

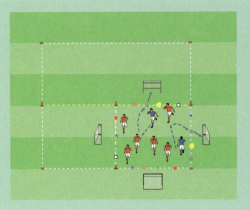 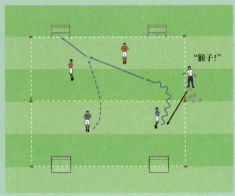

抓人射门	动物园
场地与组织	**场地与组织**
>划定约10 × 10米训练区域	>使用本节年龄段推荐的场地大小
>在4条边线约3米距离各摆放一个小球门	>教练在场边准备若干备用球
>在4条边线上摆放不同球类（足球、迷你足球、塑料球、充气软球等）	>球员分为2队，每队2人
>指定2人作为猎人角色	**规则与目标**
规则与目标	>2v2: 每次进球后，教练任意呼喊一个动物名称，球员须跑回半场并模仿此动物的姿态
>猎人需要尽可能追逐抓到其余球员	>球过中线后进攻方才能射门得分
>如果猎人成功抓到某一名球员，允许将边线上任意一个球踢进球门	>界外球使用带球进场的方式
>如果没有将球踢进球门，猎人需要立即捡球放回边线上	>然后教练踢入一个新的球继续比赛
>被抓到的球员需要原地起跳并击掌3次，然后继续跑动	**变化与进阶**
>小比赛：猎人们能否在3分钟内将所有球射入门内？若能，则猎人方获胜。反之，则另一方获胜	>使用不同球类进行比赛（足球，迷你球，塑料球，充气软球等）
变化与进阶	>教练中断比赛并随机呼喊一个动物。球员须迅速模仿其典型姿态，然后继续比赛
>小比赛2：哪个猎人的进球最多？	>教练用手势（替代呼喊）来比画一个动物，球员需要观察教练的动作
>只用左脚或右脚射门	
>被抓到的球员需要原地转圈2次	
>增加或减少场上猎人的数量	

基础板块：身体协调

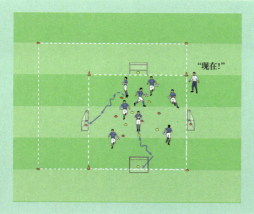

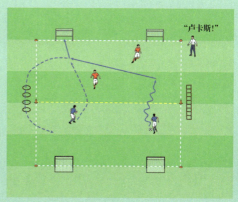

颜色弹跳

场地与组织
> 划定约15 × 15米训练区域
> 在四条边线各摆放1个小球门，每个球门里进行如图所示的颜色标记
> 在区域内用两种颜色摆放共10个左右的标志盘
> 每个球员各持1球

规则与目标
> 双手持球，起跳越过不同标志盘
> 教练发出口令后，进行带球并起脚射门。选择射门的球门颜色须与射门前起跳越过的最后一个标志盘颜色一致

变化与进阶
> 增加到3个或4个颜色
> 教练用其他词汇来代替颜色指令，例如：水（蓝色），云朵（白色），草坪（绿色）
> 球员起跳时向后反向跳跃

轮胎跳跃

场地与组织
> 使用本节年龄段推荐的场地大小
> 在场地外两侧摆放4个训练环（左侧）和绳梯（右侧）
> 球员分为2队，每队2人

规则与目标
> 2v2: 每次进球后，教练从进球一方随机呼喊一名球员名字，被点名的球员自行选择从训练环或绳梯完成协调练习，回到本方半场
> 球越过中线后，进攻方才能射门得分
> 界外球使用带球进场的方式
> 被点名的球员进行协调练习的同时，场上形成2v1继续比赛

变化与进阶
> 场地两侧增加其他协调性练习器材
> 教练规定球员完成某个协调性练习
> 进球球员可以自行决定，由他或他的同伴完成协调性练习

基础板块：带球

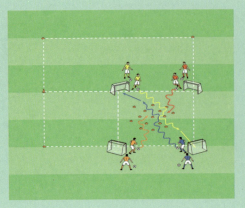 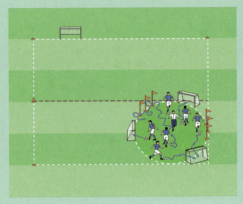

穿越标志盘

场地与组织
> 划定约 10 × 10 米的训练区域

> 在 4 个角各摆放一个小球门

> 训练区域内摆放约 15 个标志盘

> 球员每人持 1 球，平均分布于 4 个小球门处

规则与目标
> 排在第一位的球员举手示意开始

> 举手后球员开始带球穿越标志盘并完成对角球门的射门

> 后一位球员开始带球，以此类推

> 小比赛：谁能最先取得进球

变化与进阶
> 根据教练员的口令开始带球

> 只用左脚或右脚带球和射门

> 带球穿越标志盘后自行选择球门完成射门

教练来防守

场地与组织
> 划定一个直径约为 10 米的圆形区域，并摆放 3 个小球门

> 如图所示摆放两组各 3 个标志杆

> 教练员一起参与到练习中

规则与目标
> 球员在圆形区域内自由带球并射门

> 教练员扮演防守的角色

> 若持球球员被断球，他需要带球穿越任意一组标志杆后再重新回到区域内

> 小比赛：谁的进球最多

变化与进阶
> 增加防守人数（助理教练或家长）

> 只用左脚或右脚带球和射门

> 球员被断球后，需要完成一个假动作技术，方可继续带球

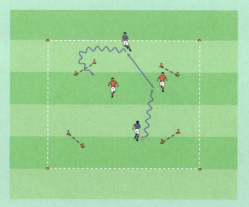 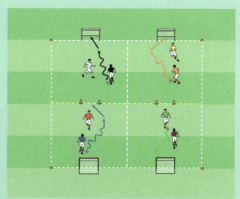

2v2 和 4 个标志桶门

场地与组织
>使用本节年龄段推荐的场地大小
>场地内用标志桶摆放 4 组球门
>球员分为 2 队，每队 2 人

规则与目标
>2v2 对抗:带球穿越 1 组标志桶，视为进球得分
>每队进攻 2 组标志桶门，并防守另 2 组标志桶门
>球员可从标志桶门任意一侧完成穿越
>界外球使用带球进场的方式

变化与进阶
>增加到每队 3 组标志桶门
>3v3 对抗
>对标志桶门的大小进行调整

1v1 挑战赛

场地与组织
>使用本节年龄段推荐的场地大小，并等分为 4 个区域
>如图所示，摆放 4 个迷你球门和 2 组标志桶门

规则与目标
>在 4 个场地进行 1v1:获胜的一方下一轮顺时针方向移动到下一块场地，失败的一方逆时针方向移动到下一块场地

变化与进阶
>在 4 个区域内各自进行 1v1 对抗
>每个球员进行单循环 1v1 挑战
>每个场地内使用不同材质大小的球

基础板块：传球

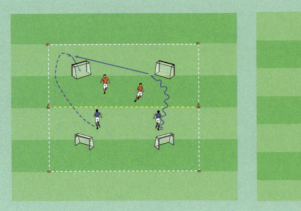 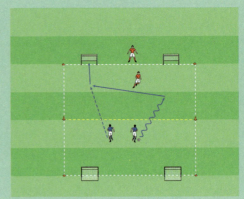

翻转球门2v2

场地与组织
>使用本节年龄段推荐的场地大小
>4个球门面向区域4个角的方向摆放
>球员分为2队，每队2人

规则与目标
>2v2对抗
>每队进攻2个球门并防守另2个球门
>球过中线后进攻方才能射门得分
>界外球使用带球进场的方式

变化与进阶
>球门的位置进行变化
>将小球门数减少到2个

2v1以多打少

场地与组织
>使用本节年龄段推荐的场地大小
>球员分为2队，每队2人

规则与目标
>2v2对抗
>防守方（图中红队）一名球员站在底线2个小球门之间，进攻方（图中蓝队）由此在对抗时形成2v1人数优势
>每队进攻2个球门并防守另2个球门
>断球或取得进球后，互换人数优势
>球过中线后进攻方才能射门得分
>界外球使用带球进场的方式

变化与进阶
>球出边线时，互换人数优势
>防守方断球后形成1v2的反击直到完成本轮进攻
>只有取得进球后，才互换人数优势
>小球门摆放在场地4个角上

基础板块：传球

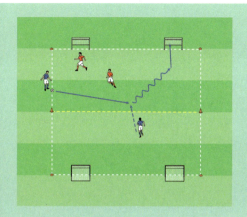 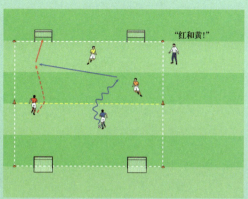

"红和黄！"

2v2与传球快发

场地与组织
>使用本节年龄段推荐的场地大小
>球员分为2队，每队2人

规则与目标
>2v2对抗
>每队进攻2个球门并防守另2个球门
>球过中线后进攻方才能射门得分
>界外球或球门球使用短传发球

变化与进阶
>每次射门前必须至少完成1次传球
>设置额外的球门

分组轮换2v2

场地与组织
>使用本节年龄段推荐的场地大小
>4个球员分别穿着不同颜色的背心
>教练员指定对抗分组（例如：蓝/红 vs. 黄/橙）

规则与目标
>2v2对抗
>每队进攻2个球门并防守另2个球门
>球过中线后进攻方才能射门得分
>界外球或球门球使用短传发球
>进球发生后，教练员指定新的分组 并立即继续对抗

变化与进阶
>在对抗过程中，教练员指定新的分 组（如图中：红黄）
>由某一名球员指定新的分组
>对抗在2v2和3v1之间进行切换

基础板块：射门

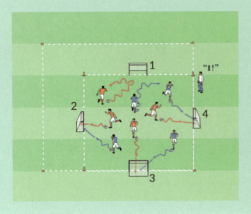 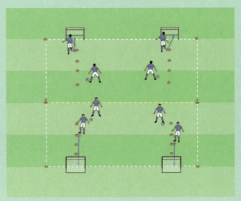

射门禁地

场地与组织
> 划定约 15×15 米的训练区域，并如图所示摆放 4 个小球门
> 对每个小球门进行编号
> 球员分为 2 队，每队 4 人
> 每个球员持有 1 球

规则与目标
> 球员在区域内自由带球并完成射门
> 教练员随机呼喊 1 个数字（例如 "1"），被叫到的数字所对应的球门即表示 "射门禁地"，球员不能对此球门进行射门
> 小比赛：哪一方能在 3 分钟内完成更多的射门得分

变化与进阶
> 只用左脚或右脚射门
> 球门用不同颜色标记，用颜色或物品进行指令
> 教练员用手势来决定激活哪个球门
> 所有球门无限制均可射门
> 个人比赛：谁在 3 分钟内完成更多的射门得分

射门冠军

场地与组织
> 使用本节年龄段推荐的场地大小
> 在球门后约 3 米、5 米、7 米和 9 米处依次摆放标志盘
> 对标志盘进行命名，例如：足协杯冠军、联赛冠军、冠军联赛冠军、世界杯冠军
> 每个球员持有 1 球

规则与目标
> 球员将球放在第一个标志盘（足协杯冠军）边进行射门
> 若将球射进，则依次向后进行下一轮（联赛冠军）射门
> 比赛：先完成 "世界杯冠军" 射门进球，即赢得比赛

变化与进阶
> 若射门未进，则倒退至先前一轮标志盘位置
> 标记射门线。在此之前进行带球后完成射门
> 左/右脚轮换射门
> 射门距离远近进行调整

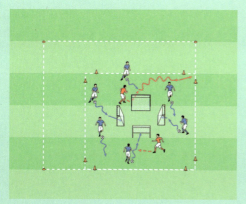 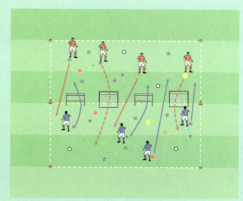

射门vs.反击

场地与组织
>划定约15×15米的对抗区域，在区域内朝外摆放如图所示的4个小球门，在区域4个角摆放4组标志盘球门
>指定两个防守球员（红色）
>其余球员作为进攻球员（蓝色），每人持1球

规则与目标
>蓝队球员在区域内带球并对小球门完成射门
>红队球员进行防守，断球后立即对4个角标志盘球门发起反击
>若3分钟内红队完成5次抢断并将球踢进标志盘球门，则红队获胜。反之，蓝队获胜
>小比赛：哪个进攻球员的进球最多

变化与进阶
>将小球门移到4条边线
>对防守球员的人数进行变化
>根据教练员指令规定射门用左或右脚

海洋球

场地与组织
>使用本节年龄段推荐的场地大小
>在场地两侧分别摆放数量相等的不同球类，例如：迷你足球、塑料球、硅胶球、橡皮球、网球、不规则反应球等
>中线位置摆放4个小球门
>球员分为两队，并分布于场地两侧

规则与目标
>球员将球从小球门上方或两侧踢到对方半场
>小比赛：3分钟后哪队半场里的球更少

变化与进阶
>只用左脚或右脚射门
>每个半场内（例如底线位置）摆放额外小球门，若射门踢进小球门可获得额外奖励分
>场地中间划出"中立"区域代替小球门

基础板块：自由对抗比赛

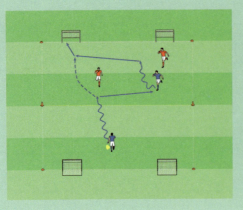 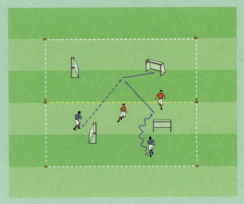

尝试各种球	**翻转球门**
场地与组织	**场地与组织**
>使用本节年龄段推荐的场地大小	>使用本节年龄段推荐的场地大小
>球员分为2队，每队2人	>如图所示在球场内设置4个小球门
	>球员分为2队，每队2人

尝试各种球

场地与组织
>使用本节年龄段推荐的场地大小
>球员分为2队，每队2人

规则与目标
>用不规则球（反应球）2v2 对抗
>每队进攻2个球门并防守另2个球门
>球过中线后进攻方才能射门得分
>界外球使用带球进场的方式

变化与进阶
>使用不同材质大小的球，例如：迷
 你足球、橄榄球、水球等

翻转球门

场地与组织
>使用本节年龄段推荐的场地大小
>如图所示在球场内设置4个小球门
>球员分为2队，每队2人

规则与目标
>2v2 对抗
>每队进攻2个反向摆放球门，并防
 守另外2个球门
>球过中线后进攻方才能射门得分
>界外球或底线出界使用带球进场的
 方式

变化与进阶
>比赛过程中对球门方向进行翻转
>双方对所有4个小球门均允许射门

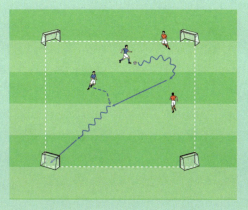 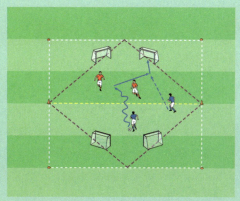

四角球门

场地与组织

>使用本节年龄段推荐的场地大小

>场地4个角上摆放4个小球门

>球员分为2队，每队2人

规则与目标

>2v2对抗

>双方对所有4个小球门均允许射门

>界外球使用带球进场的方式

变化与进阶

>每队进攻2个球门并防守另2个球门

菱形对抗

场地与组织

>使用本节年龄段推荐的场地大小

>用标志盘划定如图所示的菱形区域，并摆放4个小球门

>球员分为2队，每队2人

规则与目标

>2v2对抗

>每队进攻2个相邻球门，并防守另外2个球门

>球过中线后进攻方才能射门得分

>界外球使用带球进场的方式

变化与进阶

>对抗区域变化为其他形状，例如：窄长方形、正方形、八边形等

3v3（4v4）对抗加4个小球门和射门区域

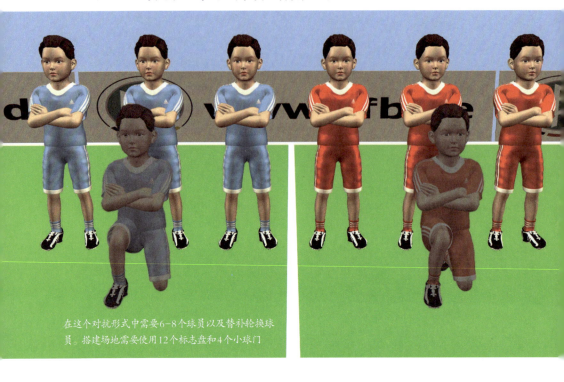

在这个对抗形式中需要6—8个球员以及替补轮换球员。搭建场地需要使用12个标志盘和4个小球门

关于赛制改革的延伸讨论

》》为什么要进行赛制改革？

新的对抗形式和规则更适合低年龄段儿童的特征。每队的人数越少，每个球员就会拥有更多的触球次数。在传统的竞赛模式中，那些技术能力较弱或身材较矮小的球员往往比较吃亏，长此以往会导致他们逐渐失去对比赛的兴趣以及继续提升的机会。新的赛制改革为小球员创造了更多持球的机会，让孩子们重拾对于足球的热情。如今许多青少年足球训练中，教练员过早地专注于足球战术而轻视了足球基础技术的培养。新的赛制改革同样致力于改变这一现状。

》》赛制改革有哪些益处？

每个孩子都能参与其中并持球完成不同的技术动作。无论是男孩还是女孩，他们都能参与到与自己能力和兴趣相匹配的比赛中来，这样才可以激发孩子们对于这项运动的热爱。此外，改革后的对抗模式唤起并培养了孩子们的自主能力，尽可能减少教练员的指挥和家长的干扰。孩子们需要主动寻找自己的解决方案。同时，新的竞赛模式下导致比赛产生更多的胜负，孩子们也因此能够更好地学习如何正确对待胜利和失败。

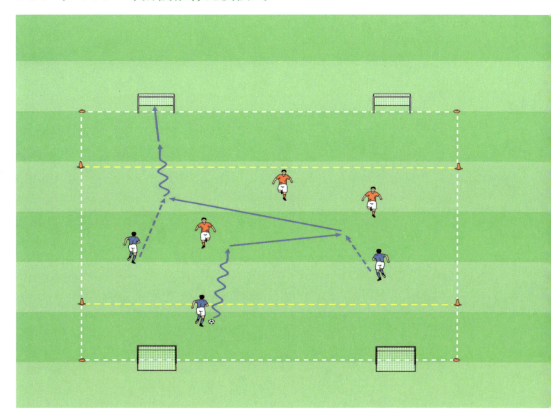

3v3 对抗加 4 个小球门

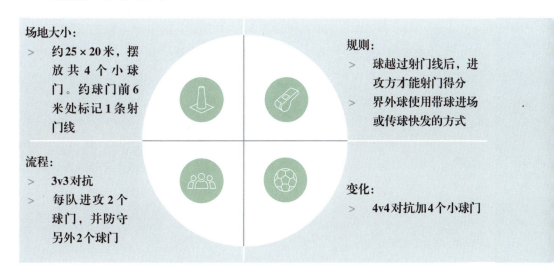

场地大小：
> 约 25 × 20 米，摆放共 4 个小球门。约球门前 6 米处标记 1 条射门线

流程：
> 3v3 对抗
> 每队进攻 2 个球门，并防守另外 2 个球门

规则：
> 球越过射门线后，进攻方才能射门得分
> 界外球使用带球进场或传球快发的方式

变化：
> 4v4 对抗加 4 个小球门

基础板块：身体协调

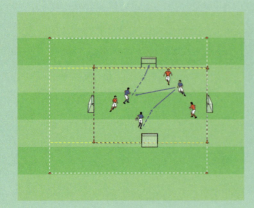 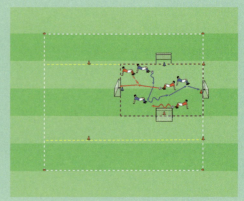

手球比赛

场地与组织
>划定约15×15米的对抗区域
>每条边上摆放1个小球门
>球员分为2队，每队3人

规则与目标
>3v3进行手球比赛
>双方对所有4个小球门均允许射门

变化与进阶
>投掷射门前须至少完成2次传球
>每队指定2个球门进行进攻和防守
>将小球门摆放在对抗区域外，从场内进行投掷
>将小球门面朝边线反向摆放
>4v4对抗

螃蟹推球

场地与组织
>划定约10×10米的对抗区域
>在每条边线上摆放1个小球门，并在每个小球门前摆放1个标志盘（共两种颜色）
>区域内摆放3个足球
>球员分为2队，每队3人

规则与目标
>2队用3个球进行"螃蟹推球"游戏
>球员双手撑地呈坐姿并模仿螃蟹移动，对一色球门进行进攻并对另一色球门进行防守
>若球出边线，教练员负责将新球踢入场内

变化与进阶
>场地内使用1个或2个球进行比赛
>使用不同类型的球
>所有球门无限制均可射门

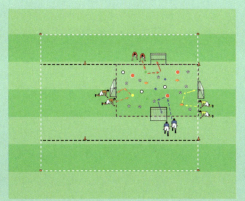 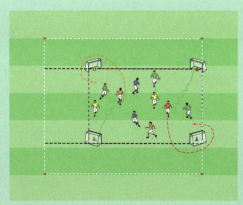

爬行运球

场地与组织

>划定约 10×10 米的对抗区域

>每条边上摆放 1 个小球门

>场地中摆放约 20 个不同类型的球

>球员分为 4 队，每队 2 人，平均分布于 4 个小球门处

规则与目标

>根据教练员指令，每队的第一名球员爬行进入场地用手将球贴地滚动传入小球门。接着回到本方队伍与后一名球员完成击掌接力

>小比赛：哪队在规定时间内攻入更多的球

变化与进阶

>四肢倒退爬行

>单脚或双脚起跳，将球扔进球门

>用双脚运球前进

颜色追捕

场地与组织

>划定约 15×15 米的对抗区域

>每个角上摆放 1 个小球门并分别摆放 4 种不同颜色的标志盘

>设置 3–4 个手持球的猎人（图中绿队）

>其余球员穿着不同颜色的背心（与球门种标志盘颜色对应）

规则与目标

>猎人对剩余场上球员进行追逐

>猎人成功追捕到一个球员后，将自己的足球踢入其背心颜色所对应的球门中。被追到的球员绕小球门一圈跑动后回到场地中

>小比赛：哪个猎人能最先取得 8 粒进球

变化与进阶

>猎人需要凌空完成射门

>射门时左右脚进行轮换

>被追到的球员须绕小球门背身跑或爬行

基础板块：带球

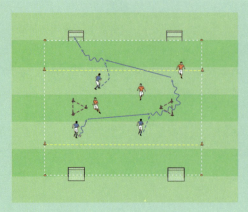 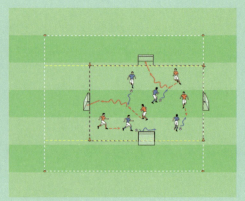

带球奖励

场地与组织
>使用本节年龄段推荐的场地大小
>场地中间区域用标志盘摆放2组如图的三角形
>球员分为2队，每队3人

规则与目标
>4个小球门的3v3对抗
>额外奖励：每一轮进攻若带球穿越场上的三角区域，可记1分
>射门打进对方小球门可记2分
>在射门线内的进球得分才视为有效
>界外球使用带球进场或短传发球

变化与进阶
>设置第3组三角区域
>三角区域和小球门设置为相同分值
>带球通过三角区域须用非惯用脚

抢断射门

场地与组织
>划定约15×15米的对抗区域
>每条边上摆放1个小球门
>其中一队球员持球（例如蓝队）

规则与目标
>持球方球员在区域内带球
>非持球方（抢球者，红队）尝试将球抢断并完成射门
>然后将球捡回并成为新的持球方进行带球
>若一方丢球，则双方继续交换球权

变化与进阶
>丢球后，持球球员也变为"抢球者"。（场上持球球员越来越少）
>使用不同材质大小的球
>减少抢断球员的人数

082

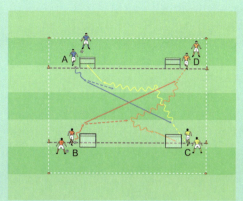

3v3与假动作奖励分

场地与组织
>使用本节年龄段推荐的场地大小
>球员分为2队，每队3人

规则与目标
>3v3对抗
>每队进攻2个球门并防守另2个球门
>在射门线内的进球得分才视为有效
>界外球使用带球进场或短传发球
>设置不同分值：进球记3分，一次
　成功的假动作过人记1分

变化与进阶
>进球记2分，假动作过人记1分
>假动作过人后获得进球算双倍得分
>取消射门线的规则

对角1v1

场地与组织
>使用本节年龄段推荐的场地大小
>4个小球门摆放在两侧射门线上
>球员如图所示分布在A到D这4个位
　置（A和B点球员持球）

规则与目标
>位置A球员传球给位置C球员，位
　置B球员传球给位置D球员
>A球员与C球员1v1对抗，B球员与
　D球员1v1对抗（对角线球门）
>若球出边线或进球后，球员回到起
　始位置

变化与进阶
>A球员与B球员1v1对抗，C球员与
　D球员1v1对抗
>教练员将球传到场地内
>A球员与B球员持球进入场地对抗
>将小球门摆放到4个角

基础板块：传球

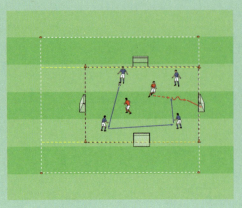 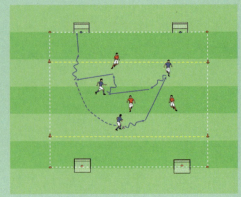

小球门抢圈

场地与组织
> 划定约15×15米的对抗区域
> 每条边上摆放1个小球门
> 球员分为2队：蓝队4个球员，红队
   2个球员

规则与目标
> 4v2抢圈对抗
> 若红队成功抢断，则可以将球传入
   小球门中
> 红队与蓝队中2个球员互换角色

变化与进阶
> 5v2对抗
> 3v2或3v1对抗
> 用标志桶标记球门，抢断后须完成
   带球穿越

传球激活球门

场地与组织
> 使用本节年龄段推荐的场地大小
> 每一边的两个小球门用同色标记
> 球员分为2队，每队3个人且与球门
   颜色配对

规则与目标
> 在中场区域进行3v3的控球对抗
> 持球方连续3次传球后，可以对与本
   方颜色一致的2个小球门发起进攻
> 若防守方将球抢断，同样需要连续
   完成3次传球，方可激活与本方颜
   色一致的2个小球门

变化与进阶
> 4v4对抗
> 须连续完成5次传球方可激活球门
> 只用左脚或右脚传球
> 所有球门无限制均可射门

基础板块：传球

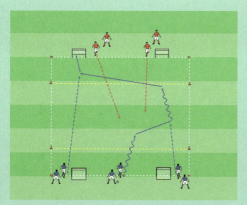 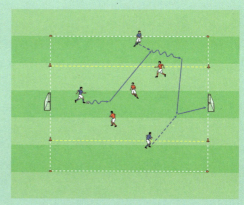

3v2 进攻

场地与组织

>使用本节年龄段推荐的场地大小

>球员分为 2 队,并将一队分为 2 组（红队），另一队分为 3 组（蓝队）

>球员初始站位如图所示，蓝队球员持球

规则与目标

>蓝队 3v2 朝对方 2 个小球门发起进攻

>红队以人数劣势进行防守，若抢断可以向对方的小球门发起反击

>在射门线内的进球得分才视为有效

>若球出边线或进球后，下一组球员开始新的 3v2 对抗

>一段时间后双方攻防角色转换：红队形成 3v2 进攻

>小比赛：哪队的进球最多

变化与进阶

>2v1 对抗

>4v3 对抗

>取消射门线的规则

认识边路空间

场地与组织

>使用本节年龄段推荐的场地大小

>如图所示，在两侧边线上摆放 2 个小球门

规则与目标

>3v3 对抗

>双方允许对任意一侧球门发起进攻

>射门前，持球方必须将球传到或带球到任意一个外侧区域

变化与进阶

>继续扩大外侧区域的面积

>用标志杆代替外侧区域（更高的传球精准度要求）

>增加到 4 个小球门

基础板块：射门

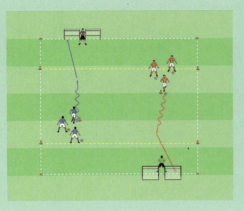

双门循环射门

场地与组织
>使用本节年龄段推荐的场地大小
>2条底线各摆放如图所示的2个小球门，两侧球门各设置1个守门员
>在射门线前约10米处摆放1个标志盘作为起始点
>每人持1球，平均分布于2个起始点

规则与目标
>循环射门练习：起始点球员带球几步后，在射门线前完成射门
>之后此球员到另一侧队伍末端排队，以此循环
>小比赛：谁能最先取得6粒进球

变化与进阶
>不设置守门员
>左右脚轮换射门
>不设置射门线：球员可自行选择射门距离

3v3与射门

场地与组织
>使用本节年龄段推荐的场地大小
>球员分为2队，每队3人

规则与目标
>3v3对抗
>射门只允许在中场区域内完成
>每队进攻2个球门并防守另2个球门
>界外球使用带球进场或短传发球

变化与进阶
>4v4对抗
>允许在射门线内完成射门，在中场完成进球算作双倍得分。
>每轮进攻使用不同材质大小的球

基础板块：射门

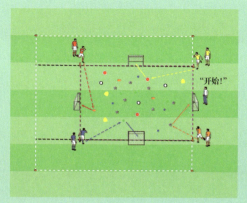

"开始!"

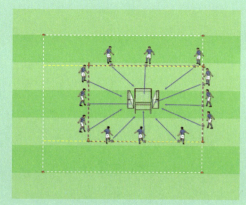

团队射门

场地与组织
> 划定约 15×15 米的对抗区域
> 每条边上摆放 1 个小球门
> 场地内摆放不同类型的球：如迷你足球、海绵球、网球、反应球、塑料球、水球等
> 球员分为 4 队，并分布于场地 4 个角

规则与目标
> 教练员发出口令后，第一组 4 名球员进入场地并挑选任意一球完成射门
> 与本组下一名球员完成击掌接力
> 团队分组比赛，直到场地内所有球都被踢完
> 小比赛：哪队踢进了更多的球

变化与进阶
> 所有球员进入场地并同时射门
> 只用左脚或右脚射门
> 将球分布摆放在场地 4 条边线，球员带球进入场地后射门

边线射门

场地与组织
> 划定约 15×15 米的对抗区域
> 4 个小球门摆放在如图所示的场地中间位置
> 球员分布在场地 4 条边线并各持 1 球

规则与目标
> 球员在边线位置起脚射门
> 然后迅速捡回球，并选择 1 个新的射门位置
> 个人比赛 1：哪个球员在规定时间内射入最多的球

变化与进阶
> 个人比赛 2：哪个球员用左脚（或右脚）射入了最多的球
> 只用左脚或右脚射门

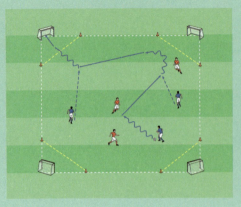
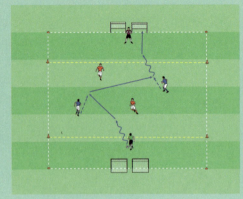

四角球门与3v3对抗

场地与组织
>使用本节年龄段推荐的场地大小
>如图所示，在场地4个角各摆放1个小球门，并在门线前约6米处各标记1条射门线
>球员分为2队，每队3人

规则与目标
>3v3对抗
>每队进攻2个球门并防守另2个球门
>射门只允许在射门线内完成
>界外球使用带球进场或短传发球

变化与进阶
>4v4对抗
>扩大射门区域
>用迷你足球替代

两组相邻球门的3v3对抗

场地与组织
>使用本节年龄段推荐的场地大小
>在两侧底线居中位置，各设置2个小球门（相邻摆放）
>球员分为2队，每队3人
>每队各有1名球员进行守门

规则与目标
>3v3对抗
>守门员允许在本方禁区内用手触球，若进入中场区域只允许自己带球或将球贴地掷给队友
>在射门线外也允许起脚射门
>界外球使用带球进场或短传发球

变化与进阶
>在最后的防守球员可以变为守门员
>2个小球门不能相邻摆放（间隔距离变大），守门员规则不变
>4v4对抗

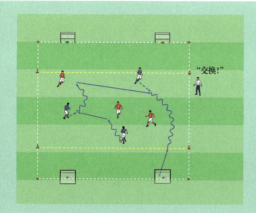 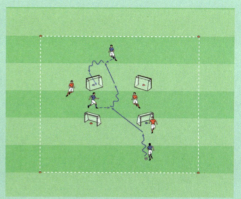

变化进攻球门的3v3对抗

场地与组织
> 使用本节年龄段推荐的场地大小
> 小球门内摆放标志盘，且对角颜色相同（例如图中红色与蓝色）

规则与目标
> 3v3对抗
> 每队进攻2个对角球门（相同颜色），并防守另外2个球门
> 射门只允许在射门线内完成
> 界外球使用带球进场或短传发球
> 根据教练员口令，变换进攻、防守目标球门

变化与进阶
> 4v4对抗
> 用中线替代两边射门线。球越过中线后，进攻方才能射门得分

4个中间球门的3v3对抗

场地与组织
> 使用本节年龄段推荐的场地大小
> 4个小球门如图所示朝外摆放
> 小球门内摆放两组颜色的标志盘（例如图中红色与蓝色）
> 球员分为2队，每队3人

规则与目标
> 3v3对抗
> 每队进攻2个相同颜色的球门，并防守另外2个球门
> 界外球使用带球进场或短传发球

变化与进阶
> 每轮进球后，交换攻防球门目标
> 两队均可向任意小球门进行射门
> 每一次进球后从球门所在底线带球或传球入场继续比赛

4v4（5v5）对抗加2个七人制球门和中场线

在这个对抗形式中需要8-10个球员以及替补轮换球员。搭建场地需要使用6个标志盘和2个七人制青少年球门

关于赛制改革的延伸讨论

〉〉这还是"正经的"足球比赛吗？

当然！足球比赛的基本要素：两支球队、球门还有足球。在我们所说的儿童足球语境下，直到U11的孩子们都会用到4个小球门。足球运动为何如此吸引人？当然是它的游戏性、趣味性以及进球的快乐。以上几点，都是此次改革的重点关注方向。所有的孩子都能在比赛中通过各种方式取得进球，即使有些孩子（还）没有表现得特别突出。此外，更多的触球和带球机会，同样有助于提高孩子们的技术能力，并帮助每个个体提升自己的运动能力。当然，孩子们的防守能力也会在大量1v1对抗中得到锻炼和显著提高。

〉〉成绩和排名就不要了吗？

每次比赛的最终结果不会被记录在册，但是每场比赛都会分出胜负。在比赛期间，球队的比赛场地会根据上一场的胜负发生变化，胜者升、负者降。所以还是会有胜负之分，这样的经验对孩子们来说不可或缺。改革后由于比赛场次的数量大增，所以某轮比赛的结果很快就会被孩子们抛到脑后。整个赛事不会设置积分榜。

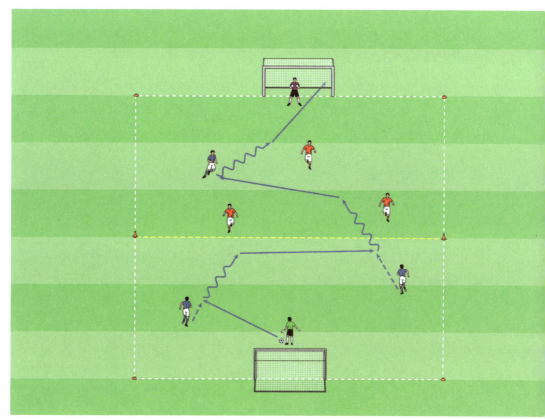

4v4 对抗加 2 个七人制球门

场地大小：
> 约 35 × 25 米，摆放 2 个七人制球门。场区内设置 1 条中线

流程：
> 4v4 对抗
> 守门员只能短传开球：短传给队友、手发地滚球或自己带球

规则：
> 球越过射门线后，进攻方才能射门得分
> 界外球使用带球进场或传球快发的方式

变化：
> 5v5 对抗加 2 个球门
> 3v3 对抗加 2 个球门

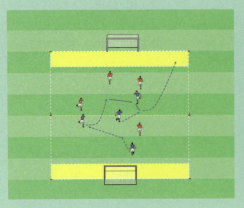

橄榄球得分

场地与组织
>使用本节年龄段推荐的场地大小
>在2个球门前划定3米的底线区
>球员分为2队，每队4人

规则与目标
>双方使用足球或者反应球进行4v4的橄榄球比赛
>将球送入对方底线区并触地，算达阵成功
>将球踢过球门的横梁也算得分
>传球不得向前，只能向后
>积分规则：成功达阵，3分。踢过横梁，1分

变化与进阶
>3v3或5v5
>达阵成功的一方将额外获得一次中线脚踢球的机会
>可以向前传球
>传球必须为凌空垫传（球下坠后不能落地）

绕杆丛林

场地与组织
>使用本节年龄段推荐的场地大小
>场地中间用10根标志杆摆放十字
>在场地内摆放不同材质大小的球，例如：网球、迷你足球、塑料球、反应球、海绵球或水球
>两侧球门各设置1个守门员
>如图所示，球员分别分布于十字的2个起始位置

规则与目标
>球员依次绕杆带球，最后可以选择任意一个球门完成射门
>完成射门后，排队到另一组队末
>小比赛：哪队能最先取得6粒进球

变化与进阶
>个人比赛：哪个球员用左脚（或右脚）射入了最多的球
>背身倒退穿过标志杆区域
>侧步穿过标志杆区域
>射门前，球员须从不同方向两次穿过标志杆区域

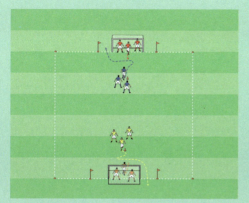
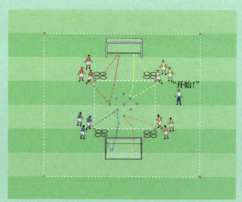

狭路相逢

场地与组织

>使用本节年龄段推荐的场地大小

>在球门两侧3米处各摆放一根标志杆，另在球门前7米摆放一个标志盘作为起点位置

>将球员平均分为4组，如图所示分布在各自的位置

规则与目标

>两侧起始点的冲刺手（蓝队和黄队）从起点出发，须穿过任意一个门柱和标志杆之间的区域

>两侧球门前的拦截手（红队和橙队）尝试在冲刺手过线前抓住对方

>一轮结束后，双方交换位置和任务

>小比赛：冲刺手过线记1分，拦截手成功拦截记1分。哪队的得分最多

变化与进阶

>冲刺手和拦截手必须手持足球完成冲刺或拦截

>背身启动，游戏中完成转身

>在起点位置以坐姿或躺姿开始

>冲刺手须带球过线

偷鸡贼

场地与组织

>使用本节年龄段推荐的场地大小

>场地中间划定10×10米的正方形区域，摆放若干备用球

>将2个球门摆放在该区域5米处

>在该区域的4角各摆放4个训练环

>将球员分为4组，并分布于正方形4个角

规则与目标

>教练员发出口令后，每组第一名球员同时进入正方形区域。拿到球以后，他们需要将球踢进任意球门。进球后，球员需要将球放到训练环里

>回到起点，击掌接力后，下一名球员进入场地

>如果场地里没有球了，球员可以从其他小组的训练环里"偷球"，把球踢进球门后可将球摆放在本组的训练环中

>小比赛：先在训练环里攒足4个球的小组获胜

变化与进阶

>扩大球门和正方形区域间的距离

>球员可以同时抱起2个足球

基础板块：带球

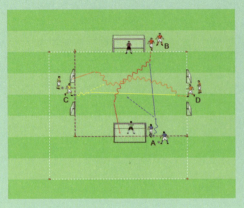 

混乱1v1

场地与组织

>使用本节年龄段推荐的场地大小

>如图所示，划定约20×20米区域，并摆放2个七人制球门和4个小球门

>球员平均分配在小球门和大球门之间

>A点和C点有球备用

规则与目标

>A点和C点的球员带球出发，将球传给B点和D点的球员

>A点和B点球员进行1v1，进攻大球门

>C点和D点球员同时进行1v1，进攻2个小球门

>死球或进球后，下一组球员进场开始1v1

>对抗结束后，所有小组顺时针轮转，变换出发位置

变化与进阶

>在大球门中，标记特定的射门得分位置

>把大球门换成小球门

>使用各种不同材质的球

>A点和C点球员带球进场之后，直接开始两组1v1对抗（不再传给B点和D点球员）

镜像带球

场地与组织

>使用本节年龄段推荐的场地大小

>在场地中间摆放12个不同颜色的标志盘

>球员分为2队，每人1球，在场地两侧如图位置准备

>分配守门员防守球门

规则与目标

>球员依次带球进入标志盘区域，用手触碰2个标志盘后，可以面向球门完成射门

>完成射门后，捡球回到队末

>小比赛：哪队的进球最多

变化与进阶

>教练员喊出不同的颜色，球员需要按先后顺序触碰相应颜色的标志盘

>只用左脚或右脚带球

>所有球员同时带球进入标志桶区域，被喊到名字的球员需要完成射门

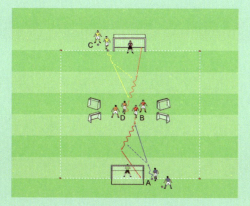
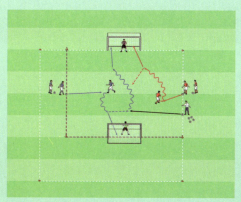

1v1-大球门和小球门

场地与组织

> 使用本节年龄段推荐的场地大小

> 在场地中间摆放 4 个小球门

> 将球员分为人数相等的 4 队，并在小球门中间和大球门一侧准备，大球门各设置一个守门员

> 将若干备用球放在 A 点和 C 点位置

规则与目标

> A 传球给 B，C 传球给 D

> B 点和 D 点球员分别带球进攻大球门，A 点和 C 点球员进行防守

> 若 A 点球员和 C 点球员成功抢断，立即发起反击进攻小球门

> 完成一整轮攻防后，攻防互换位置

> 小比赛：哪队的得分最多？（攻方进球记 1 分，守方反击得分记 3 分）谁的进球最多

变化与进阶

> B 和 D 直接带球开始进攻

> 将小球门摆放在边线位置

1v1 后完成射门

场地与组织

> 使用本节年龄段推荐的场地大小

> 如图所示，划定 20×20 米区域，两侧球门各设置一个守门员

> 每队一名球员在场地内准备，其他球员各持一球在场外准备

> 教练员在场边准备若干备用球

规则与目标

> 场内的球员要球，带球后完成射门

> 教练员将球传给最先射门得分的球员（图中为蓝队球员），球员接球后进攻对面的球门

> 防守球员若抢断，可迅速发起反击

> 小比赛：哪队能最先取得 10 粒进球

变化与进阶

> 只用左脚或右脚带球并射门

> 场内球员不再接球后带球射门，而是直接面对守门员 1v1，之后接到教练员传球

> 完成两队之间的 1v1 对抗

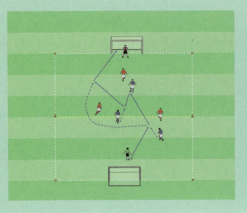 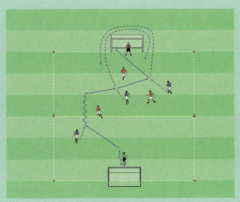

三次触球

场地与组织
>使用本节年龄段推荐的场地大小
>球员分为2队，每队4人

规则与目标
>球员进行4v4对抗。每个球员对抗过程中有触球次数限制，每次最多3次触球
>球越过中线后，进攻方才能射门得分
>守门员只能短传开球：短传给队友、手发地滚球或自己带球
>界外球可使用带球进场或短传发球

变化与进阶
>最多2次触球
>最多4次触球
>限制触球次数的同时，只用左脚或右脚接球

以多打少

场地与组织
>使用本节年龄段推荐的场地大小
>球员分为2队，每队4人

规则与目标
>4v4对抗：攻方完成射门以后，其中2名球员绕到球门背后然后回到场内。比赛同时进行不中断
>球越过中线后，进攻方才能射门得分
>守门员只能短传开球：短传给队友、手发地滚球或自己带球
>界外球可使用带球进场或短传发球

变化与进阶
>只要求1名攻方球员绕到对方球门后并返回
>在场区4个角摆放4个标志杆，每次攻方须有2名球员绕杆折返
>只有进球后才要求攻方球员绕球门折返跑

基础板块：传球

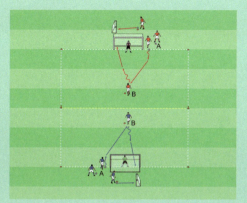 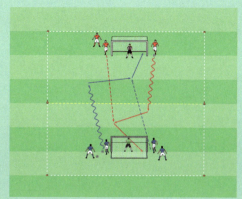

领球后射门

场地与组织
>使用本节年龄段推荐的场地大小
>两侧球门各设置1个守门员，并在球门前约12米处摆放标志盘
>两侧球门背后各摆放1个小球门，并在球门前5米处摆放标志盘
>如图所示，球员分别在A点（持球）和B点（无球）处准备

规则与目标
>A点球员带球启动并传球给B点球员，B点球员朝着球门方向领球并完成射门
>B点球员完成射门后，捡球并到大球门背后，再射1次小门
>A点球员传完球后到B点准备。B点位置球员完成射门后，重新排到队末
>小比赛：五分钟内，哪队的进球总数最多

变化与进阶
>A点球员从角球区发球给B点球员
>在另一侧的角球区设置C点，A点和C点位置交替传球给B点
>增加得分规则：小球门进球记1分，大球门进球记2分

面对守门员以多打少

场地与组织
>使用本节年龄段推荐的场地大小
>如图所示，根据场地和球员情况，将大球门移动至场区内
>球员分为2队，球放在球门边

规则与目标
>2队前2球员同时开始带球，向对面球门发起进攻
>完成射门后排到另一侧队末
>小比赛1：哪个双人小组的进球最多

变化与进阶
>每次3名球员一起进攻
>在场区里设置1到2名防守球员，防守球员断球后可以反击，带球通过场区两侧的边线（标志桶门）
>进攻球员可以从任意方向进入场地开始进攻
>进攻球员之间须至少进行一次传球
>小比赛2：哪组球员能最先取得进球

基础板块：射门

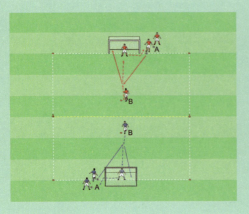 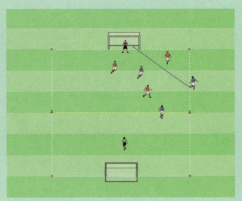

射门比赛

场地与组织
>使用本节年龄段推荐的场地大小
>在球门前约12米摆放标志盘
>如图所示，球员分别在 A 点（持球）和 B 点（无球）处准备
>球员轮换担任守门员

规则与目标
>A 传球到 B，B 点球员一脚直接射门
>完成射门的球员轮换担任守门员
>前一轮的守门员轮换到 A 点，A 点球员轮换到 B 点准备射门
>小比赛 1：进球记 1 分，守住球门也记 1 分。哪个球员的得分最多

变化与进阶
>B 点球员领球后射门（两次触球）
>只用左脚或右脚射门
>小比赛 2：哪队（用规定的左脚/右脚）的进球最多

边线射门

场地与组织
>使用本节年龄段推荐的场地大小
>球员分为 2 队，每队 4 人

规则与目标
>4v4 对抗：当球出界后，获得球权的一方可以直接在边线位置射门。防守球员需要至少保持 5 米距离
>球越过中线后，进攻方才能射门得分
>守门员只能短传开球：短传给队友、手发地滚球或自己带球
>界外球使用带球进场或短传发球

变化与进阶
>球出界后若直接射门，可以有 2 次触球机会
>调整对抗人数：3v3 或 5v5
>进球后变换不同材质、大小的球

基础板块：射门

 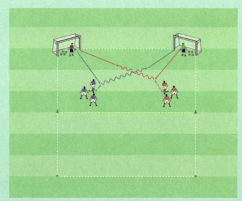

7 米点球

场地与组织
>使用本节年龄段推荐的场地大小
>球门前大约 7 米的位置摆放标志盘
>球员分为 2 队，每队 4 人

规则与目标
>4v4 对抗：当球出界后，获得球权的
  一方可获得一次球门 7 米处罚点球
  的机会
>每次罚球必须轮换不同的球员
>球过中线后进攻方才能射门得分
>守门员只能短传开球：短传给队
  友、手发地滚球或自己带球

变化与进阶
>只有在对方半场球出界时，才触发
  点球规则
>将点球点离球门的距离增加到 10 米
>用任意球替换点球

接守门员发球射门

场地与组织
>使用本节年龄段推荐的场地大小
>将 2 个球门按如图所示的方向摆放
  于场地的 2 个角，每个球门都设置 1
  个守门员
>距离球门约 10 米的位置各摆放 1 个
  标志盘
>在球门里准备若干备用球
>球员分为人数均等的 2 组

规则与目标
>守门员手抛地滚球给每组第 1 名球员
>球员接球后，转向另一侧的球门，
  调整后完成射门
>然后该球员到另外一组队末排队
>小比赛 1：谁能最先取得 5 粒进球

变化与进阶
>小比赛 2：哪队能取得最多进球
>接球球员用左脚或右脚直接射门
>守门员传地滚球给射门球员

基础板块：自由对抗比赛

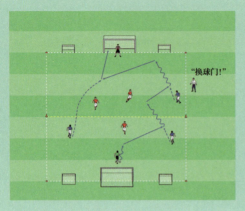

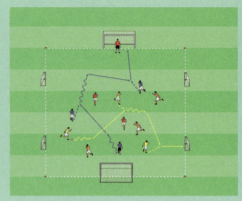

组合球门对抗

场地与组织
> 使用本节年龄段推荐的场地大小
> 2个大球门和4个小球门按如图所示的位置摆放
> 球员分为2队，每队4人

规则与目标
> 根据教练员的口令，进攻方需要转换进攻目标（2个大球门或4个小球门）
> 球越过中线后，进攻方才能射门得分
> 守门员只能短传开球：短传给队友、手发地滚球或自己带球
> 界外球使用带球进场或短传发球

变化与进阶
> 两队进攻不同大小的球门：一队进攻一侧的大球门，另一队进攻另一侧的2个小球门
> 将4个小球门摆放在边线上
> 根据教练员的口令，转换进攻目标或进攻方向

纵横交错

场地与组织
> 使用本节年龄段推荐的场地大小
> 将4个小球门摆放在场地边线上
> 球员分为4队，每队3人（红队和蓝队各有1名守门员）

规则与目标
> 蓝队与红队进行对抗，双方攻守2个大球门
> 黄队与橙队进行对抗，双方攻守4个小球门
> 守门员只能短传开球：短传给队友、手发地滚球或自己带球
> 规定时间结束后，4队轮换进攻目标

变化与进阶
> 每队球员增加到4个（2组4v4）
> 使用各种不同材质的球
> 将2个小球门并排摆放，并在球门前增加1名守门员

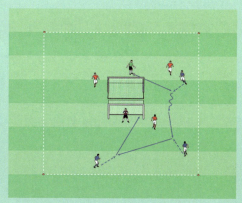

八边形场区 4v4

场地与组织
> 使用本节年龄段推荐的场地大小
> 如图所示将原有场区的 4 个角截去，新的对抗区域形成 1 个规则的八边形
> 球员分为 2 队，每队 4 人

规则与目标
> 4v4 对抗
> 球过中线后进攻方才能射门得分
> 守门员只能短传开球：短传给队友、手发地滚球或自己带球
> 界外球使用带球进场或短传发球

变化与进阶
> 变成圆形的对抗场地
> 变成三角形的对抗场地
> 变成非对称几何图形的对抗场地

球门背靠背

场地与组织
> 使用本节年龄段推荐的场地大小
> 将 2 个大球门按如图所示的位置，背靠背摆放在场地中央
> 球员分为 2 队，每队 4 人

规则与目标
> 4v4 对抗
> 守门员只能短传开球：短传给队友、手发地滚球或自己带球
> 界外球使用带球进场或短传发球

变化与进阶
> 两队可以进攻 2 个球门中的任意一个。守门员属于中立球员
> 将 2 个球门的位置错开（依然保持背靠背摆放）

7v7 （6v6）对抗加2个七人制球门及附属场地

在这个对抗形式中需要12-14个球员以及若干在附属场地的球员。搭建场地需要使用14个标志盘、2个七人制球门和4个小球门。

关于赛制改革的延伸讨论

〉〉改革后的赛制如何看待裁判的角色？

改革后的比赛中，不再设置传统的裁判。教练员和球队工作人员将充当维护比赛场上秩序的角色，只在有需求的时候才能中断比赛。比赛期间的相关决策裁定，应该尽可能地交由孩子们自己去定夺。在U7以及U9的公平竞赛联赛中，过去几年已经有了很多这方面的实践和经验。而在走出过许多巨星的街头足球中，更是如此。同样，所有家长（除了客串球队工作人员以外）也需要按规定在与场地保持适当距离的地方观战，以免打扰比赛的流畅进行。

〉〉我们放弃培养守门员了吗？

恰恰相反，改革后的全新比赛对抗模式让我们有机会更好地挖掘和培养守门员人才。因为在新的对抗模式下，孩子们有更多机会去尝试各类守门员的技术动作，需要手脚并用，同时需要从后场开始发起进攻。而守门员专项训练我们将留到更高的年龄段去完成。小场比赛不仅能锻炼孩子们的带球能力，而且由于场区面积较小、比赛的情况一目了然，同样能够充分锻炼孩子们的传球配合能力。传球的成功率会大大提高。在新的小场地比赛中，所有孩子都会得到更长足的进步。在更适合他们年龄特征的比赛中，他们会获得更多的触球机会，且创造性将得到进一步激发。

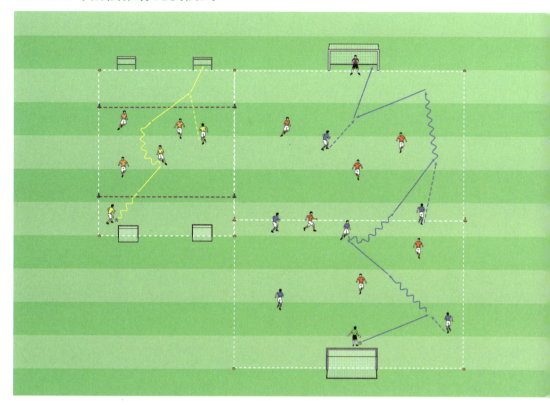

7v7 对抗加 2 个七人制球门及附属场地

场地大小：
> 约 45–55 × 35 米，
> 摆放 2 个七人制球
> 门。7v7 对抗区域旁
> 边另设置 1 个附属
> 小场地对抗区域

流程：
> 7v7 对抗。相邻附
> 属小场地内同时进
> 行其他对抗训练。
> 每节对抗结束后，球员
> 互换场区和训练任务

规则：
> 球越过中线后，进攻方
> 才能射门得分
> 界外球可（选择）使用
> 带球进场或传球快发的
> 方式

变化：
> 6v6 对抗加 2 个球门
> 5v5 对抗加 2 个球门

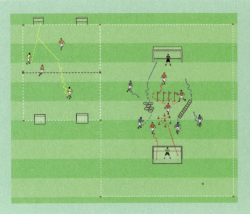
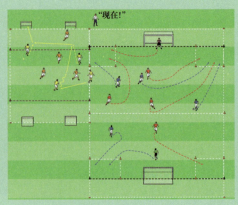

绕杆射门/2v2

场地与组织

>场地1：使用本节年龄段推荐的场地大小。将球门和守门员的位置挪到场地内。场地中央摆放1个绳梯、6个训练环、1个绕杆区和一些标志盘

>场地2：划定中线。球员分为2队，每队2人

规则与目标

>场地1：球员把球拿在手里，完成一项协调练习后，带球射门。完成后进行一项新的协调练习，并再次完成带球射门

>小比赛：谁能最先取得8粒进球

>场地2：2v2比赛对抗。球越过中线后，进攻方才能射门得分。界外球或球门球，可使用带球进场或短传发球

>进行一段时间后，球员交换场地

身体协调/5v5

场地与组织

>场地1：将本节初始设置的场地大小缩小为35×25米，在场地4个角划定4个5×5米的区域。球员分为2队，每队5人

>场地2：球员分为2队，每队4人

规则与目标

>场地1：5v5比赛对抗。教练员发出口令后比赛暂停，所有球员迅速进入离自己最近的方框里完成规定的身体协调动作，例如原地双脚跳、前滚翻、后滚翻或者转身变向跑。完成后比赛继续进行。界外球或球门球，可使用带球进场或短传发球

>场地2：4v4比赛对抗。球越过射门线后，进攻方才能射门得分。界外球或球门球，可使用带球进场或短传发球

>进行一段时间后，球员交换场地

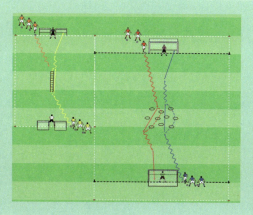
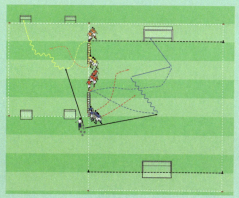

两组身体协调挑战

场地与组织

> 场地 1：将本节初始设置的场地大小缩小为 35 × 25 米。在场地中间摆放 10 个训练环，两侧球门各设置 1 个守门员

> 场地 2：小球门并排摆放，并设置守门员。场地中央摆放绳梯。球员分为两 2 队，每人 1 球在球门边准备

规则与目标

> 场地 1：球员依次带球，将球传过训练环区域。进行一项训练环协调练习后，完成射门。之后排队到另一组队末

> 场地 2：球员依次带球，沿着绳梯传球。接着一步一空穿过绳梯，并完成射门。之后排队到另一组队末

> 进行一段时间后，球员交换场地

> 小比赛：哪队的进球最多

壮大的队伍

场地与组织

> 将本节初始设置的场地大小缩小为 35 × 25 米。在 2 块场地中间的边线摆放 2 个绳梯。球员分为 4 组，分别在绳梯两端准备。教练员拿球站在场边

规则与目标

> 场地 1：教练员将球传到场地 1 内时，红蓝两队的前 2 名球员穿过绳梯进入场地进行 2v2 对抗。若教练员举手，另外（各）2 名球员也穿过绳梯进入场地，开始 4v4 对抗。再次举手，则双方最后 1 名球员也穿过绳梯进入场地，开始 5v5 对抗。此后，每次射门得分的球员都需要穿过 2 个绳梯。比赛不设暂停，继续进行

> 场地 2：教练员把球传到场地 2 内时，每队的第 1 名球员跑步穿过绳梯，进场 1v1 对抗。教练员举手后，双方再次各有 1 名球员穿过绳梯进场开始 2v2 对抗。教练员第 3 次举手，两队最后 1 名球员也进场开始 3v3 对抗。此后，每次射门得分的球员都需要穿过两个绳梯。比赛不设暂停，继续进行

> 进行一段时间后，球员交换场地

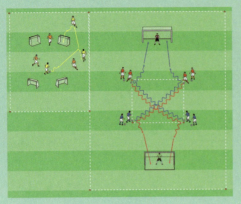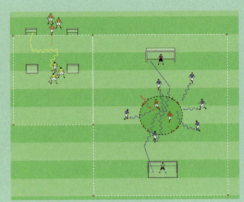

对角带球/反转球门

场地与组织

>场地1：使用本节年龄段推荐的场地大小。将球门和守门员的位置挪到场地内。场地内标记12×12米的正方形区域。球员每人持1球，平均分布在区域四角准备

>场地2：如图所示，将4个小球门反转摆放在场地内。球员分为2队，每队3人

规则与目标

>场地1：每组第1个球员同时进入正方形，带球至斜对角处，随后朝离自己最近的球门完成射门。最后到斜对角队末排队

>小比赛：哪队能最先取得12粒进球

>场地2：3v3对抗。每队进攻2个球门，并防守另外2个球门

>进行一段时间后，球员交换场地

圆圈防守/4个小球门

场地与组织

>场地1：使用本节年龄段推荐的场地大小。将球门和守门员的位置挪到场地内。场地内标记直径为12米的圆圈，并摆放4个标志桶小门。指定2名球员在圈内进行防守，其他球员每人1球在圈外准备

>场地2：4个小球门如图摆放，间距10米。将球员分为人数均等的2队，在场地两端准备。黄队球员每人持1球

规则与目标

>场地1：持球球员带球进入圆圈，过掉防守球员后完成射门。防守球员若拦截成功，则从标志桶门之间带球离开圆圈。攻守球员角色互换

>小比赛：谁的进球最多

>场地2：4个小球门的1v1对抗。每人进攻2个球门，并防守另外2个球门。若进球或出界，下一组球员上场开始对抗

>进行一段时间后，球员交换场地

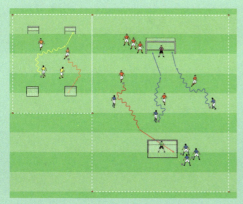

"多特蒙德！"

三组1v1 / 两组1v1

场地与组织

> 场地1：使用本节年龄段推荐的场地大小。将球门和守门员的位置挪到场地内。球员分为2队，分别在球门边准备

> 场地2：将4个小球门摆放在场地内。球员分为2队，每队2人

规则与目标

> 场地1：三组1v1分别进攻大球门。进攻球员除了自己完成过人射门外，也可以在进攻无果时选择将球回传给后方球门边等待的队友，后者继续开始1v1对抗。若进球或出界，下一组球员交换攻防角色继续对抗

> 小比赛：谁的进球最多

> 场地2：两组4个球门的1v1对抗。每人进攻2个球门，并防守另外2个球门

> 进行一段时间后，球员交换场地

五彩缤纷/沙漏对抗

场地与组织

> 场地1：使用本节年龄段推荐的场地大小。将球门和守门员的位置挪到场地内。在2个球门中间的区域摆放20个不同颜色的标志盘。球员分为2队

> 场地2：如图所示，将场地设置成沙漏的形状。球员分为2队，每队2人

规则与目标

> 场地1：球员们在场地内自由带球并穿过标志盘区域。教练员可以交替喊出一些孩子们熟悉的球队名称（例如多特蒙德）。此球员只能朝对应颜色的标志盘（此时"黄色"）带球。之后，教练员可以从2队各喊出1个球员的名字。被点名的球员须立刻向球门带球并完成射门

> 小比赛：哪队的进球最多

> 场地2：2v2对抗。每队进攻2个球门，并防守另外2个球门

> 进行一段时间后，球员交换场地

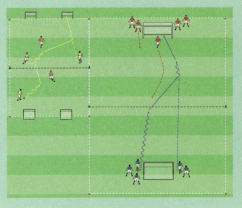 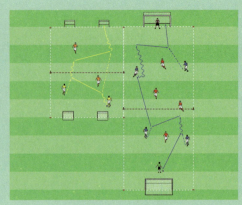

人数递增的对抗/4个小门的3v2

场地与组织

>场地1：使用本节年龄段推荐的场地大小。将球门和守门员的位置挪到场地内。球员分为2队，分别在球门边准备

>场地2：球员分为2队，黄队3人，橙队2人

规则与目标

>场地1：对抗从2v1开始（蓝队对红队）。每次进球后，2队增加场内对抗人数，2v2、3v2、3v3，以此类推直到最后场内为5v5为止。之后每次进球，双方再轮流减少1名场上球员。球越过中线后，进攻方才能射门得分

>场地2：4个小球门的3v2对抗。每队进攻2个球门，并防守另外2个球门。每次进球后，人数多的一方有1名球员加入人数少的一方。球越过中线后，进攻方才能射门得分

>进行一段时间后，球员交换场地

纵向传球/进攻方以多打少

场地与组织

>场地1：对抗区域长度不变，宽度缩短一半至17米。将球门和守门员的位置挪到场地内。球员分为2队，每队5人

>场地2：球员分为2队，每队2人

规则与目标

>场地1：5v5对抗。球越过中线后，进攻方才能射门得分。界外球使用传球快发的方式

>场地2：4个小门的2v1+1对抗。每队进攻2个球门，并防守另外2个球门。防守球员不能同时进入1个半场。持球方在进攻时始终占据2v1人数优势。球越过中线后，进攻方才能射门得分。界外球使用短传发球

>进行一段时间后，球员交换场地

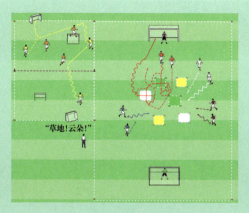

正方形传球区/斜放球门

场地与组织

>场地1：使用本节年龄段推荐的场地大小。将球门和守门员的位置挪到场地内。用3种不同颜色的标志盘划定6个大约3×3米的小正方形区域，并将球员分为若干双人小组

>场地2：将2个小球门翻转摆放在场地内。另外2个底线上的小球门向内略微旋转。球员分为2队，每队3人

规则与目标

>场地1：根据教练员的口令，每组球员须完成2次穿越对应正方形区域的传球。2次传球须打穿所有4条边。教练员的口令可以是物体，球员须思考反应其对应的颜色（例如云=白色、草=绿色)·最后2人在门前与守门员形成2v1并完成射门

>小比赛：哪队能最先取得进球

>场地2：4个小门的3v3对抗。每队进攻2个球门，并防守另外2个球门。球越过中线后，进攻方才能射门得分

>进行一段时间后，球员交换场地

接球射门/对角球门

场地与组织

>场地1：使用本节年龄段推荐的场地大小。将球门和守门员的位置挪到场地内。在门前大约10米处稍偏一些的位置，摆放标志杆门。标志杆门前方5米处摆放1个标志盘。2队球员起始点如图分别在A点和B点。A点球员持球

>场地2：如图所示，4个小球门用相应颜色进行标记。球员分为2队，每队3人

规则与目标

>场地1：A传给B，B摆脱后接球穿过标志杆门，随后完成射门并交换位置

>小比赛：哪队能最先取得5粒进球

>场地2：2个对角小球门的4v4对抗。球越过中线后，进攻方才能射门得分

>进行一段时间后，球员交换场地

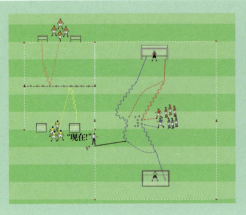

1v1对抗后射门/抢球射门

场地与组织

>场地1：使用本节年龄段推荐的场地大小。将球门和守门员的位置挪到场地内。将球摆放在场地中间。球员分为2队在如图所示位置准备。场边摆放若干备用球

>场地2：球员分为2队，每队4人，在小球门中间准备。中线位置摆放若干备用球

规则与目标

>场地1：教练员发出口令后，红蓝两队的第1个球员跑向中线拿球，随后往回带球并射门。先进球的一方得到教练员的传球，双方进行1v1对抗，持球方进攻远端球门，之后重新排到队末

>小比赛：哪队能最先取得10粒进球

>场地2：教练员发出口令后，2队的第1个球员跑向中线拿球，随后往回带球，将球踢进本方的小球门里。最后和自己的队友击掌接力

>小比赛：哪队回收的球最多

循环1v1/双组迷你球门射门

场地与组织

>场地1：使用本节年龄段推荐的场地大小。将球门和守门员的位置挪到场地内。球员分为2队，每人1球分别在球门边准备

>场地2：将小球门并排摆放，并设置守门员。球员分为2队，每人1球分别在球门边准备

规则与目标

>场地1：A点球员朝远端球门带球并完成射门，之后此球员用手触碰右侧门柱。此为B点球员开始带球的触发信号。A球员立即成为防守球员开始回追，若成功抢断可直接朝对方球门再次发起反击。之后B球员用手触碰门柱，A球员返回重新排队

>小比赛：哪队的进球最多

>场地2：C点球员和D点球员同时带球，尝试将球踢进并排摆放的小球门，完成后回到队末

>小比赛：哪队能最先取得10粒进球

 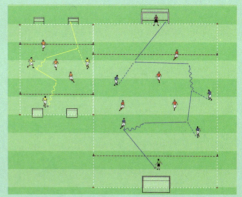

左右脚1/左右脚2

场地与组织

> 场地1：使用本节年龄段推荐的场地大小。球员分为2队，每队5人

> 场地2：球员分为2队，每队3人

规则与目标

> 场地1：5v5对抗。界外球需要用非惯用脚发球（传球），非惯用脚进球记3分

> 球过中线后进攻方才能射门得分

> 场地2：4个小球门的3v3对抗。每队进攻2个球门，并防守另外2个球门。非惯用脚进球记2分。球越过中线后，进攻方才能射门得分

> 进行一段时间后，球员交换场地

远射1/远射2

场地与组织

> 场地1：使用本节年龄段推荐的场地大小，划定8米长的禁区。球员分为2队，每队5个球员

> 场地2：球员分为2队，每队3人

规则与目标

> 场地1：5v5对抗。发界外球时允许直接射门，也可使用带球进场或传球快发的方式。禁区外的远射进球记2分

> 场地2：4个小球门的3v3。每队进攻2个球门，并防守另外2个球门。非惯用脚进球记2分，球越过中线后，进攻方才能射门得分。发界外球时允许直接射门，也可使用带球进场或传球快发的方式。禁区外的远射进球记3分

> 进行一段时间后，球员交换场地

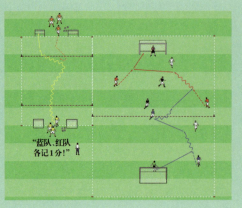 

色彩缤纷/口令对抗

场地与组织

>场地1：使用本节年龄段推荐的场地大小。将球门和守门员的位置挪到场地内。球员分为4队，每队2人

>场地2：球员分为2队，每队4人，持球在小球门中间准备

规则与目标

>场地1：4v4加守门员对抗。两组颜色背心为一队，例如：蓝队+红队对阵白队+黑队。进球或出界后，教练员立刻重新安排对抗分组，比赛不中断，例如：红队+黑队对阵蓝队+白队。球越过中线后，进攻方才能射门得分。界外球可使用带球进场或短传发球

>场地2：教练员通过口令或手势发出信号，给出每队进入场地内对抗的人数。2队第1名球员开始1v1对抗。每人进攻2个球门，并防守另外2个球门。球越过射门线后，进攻方才能射门得分。进球或出界后，球员进行轮换，教练员给出新的对抗人数

混合球门/混合角门

场地与组织

>场地1：使用本节年龄段推荐的场地大小。将1个球门和守门员以及2个小球门的位置挪到场地内。球员分为2队，每队5人

>场地2：将任意2个小球门换成大球门并设置守门员。在场区4个角位置各摆放1组标志杆门。球员分为2队，黄队2人，橙队3人

规则与目标

>场地1：5v5(4+1)对抗。一队进攻大球门，另一队进攻2个小球门。球越过中线后，进攻方才能射门得分。界外球使用带球进场或短传发球。中场休息以后，双方交换场地

>场地2：3v3对抗。一队进攻大球门，另一队进攻2个小球门。球越过中线后，进攻方才能射门得分。界外球使用带球进场或短传发球。教练员给出口令后，进攻目标变为场区内的角门（标志杆门）。教练员再次给出口令后，进攻目标变回大球门和小球门

基础板块：自由对抗比赛

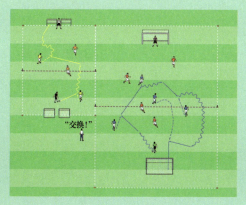

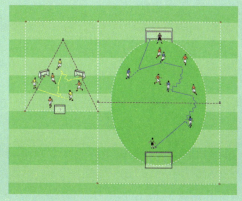

"交换！"

球门转换/合并小球门

场地与组织

>场地1：使用本节年龄段推荐的场地大小。将球门和守门员的位置挪到场地内。球员分为2队，每队5人

>场地2：将2个小球门并排摆放，设置1个守门员。球员分为2队，每队3人

规则与目标

>场地1：5v5对抗。根据教练员口令，双方变换进攻的球门。守门员原地守门，听到口令后转换所属队伍。球越过中线后，进攻方才能射门得分。界外球可使用带球进场或短传发球

>场地2：3v3对抗。球越过中线后，进攻方才能射门得分。界外球可使用带球进场或短传发球

>进行一段时间后，球员交换场地

椭圆场区对抗/三角场区对抗

场地与组织

>场地1：使用本节年龄段推荐的场地大小。将球门和守门员的位置挪到场地内。在球门之间划定35 × 25米的椭圆区域。球员分为2队，每队5人

>场地2：划定边长为20米的三角形场区，并在3个顶点上分别摆放3个不同颜色标记的小球门。球员分为2队，每队3人

规则与目标

>场地1：椭圆区域内5v5对抗。球越过中线后，进攻方才能射门得分。界外球可使用带球进场或短传发球

>场地2：3v3对抗。2队分别进攻1个小球门，例如黄色和橙色。第3个小球门双方都可以进攻得分。界外球或进球后，可使用带球进场或短传发球

>进行一段时间后，球员交换场地

附:训练教案扩展包
——20个补充创意训练教案

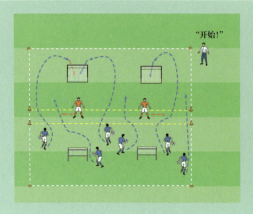

怪兽拦截

场地与组织

>划定 20×10 米的训练区域，并在场地中间划定一片 3 米宽的区域(如图所示)。区域内摆放 4 个小球门，且面朝两侧底线。2 名红队球员站在中间区域，打开双腿且张开双臂。其他蓝队球员每人持 1 球在 1 个半场内

规则与目标

>教练员发出口令后，蓝队球员尝试拿着球穿过中间区域到另 1 个半场，并完成射门。如果蓝队球员被抓住，就放下球加入红队进行拦截。中间区域的球员（红队）拦截时不能离开此区域，且只能横向移动

变化与进阶

>移动时，把球放在摊平的手掌上
>带球通过中间区域
>被拦截球员和拦截防守球员交换任务
>取消教练口令，所有持球球员自由移动
>小比赛：哪个持球球员能坚持到最后不被抓住

躲避章鱼

场地与组织

>划定 15×15 米的训练区域，并摆放 4 个小球门。场地中间划定 6×6 米的正方形，2 个红色球员坐在小正方形区域内，充当章鱼。其他的球员每个人 1 个球在场区内

规则与目标

>蓝色球员在场区内带球，每次成功穿越场地中间小正方形，持球球员能获得 1 次射门机会。如果章鱼用脚碰到球，则双方角色互换

变化与进阶

>将中间区域扩大
>在中间区域内增加 1 名防守球员
>防守球员碰到球以后，进攻球员加入防守一方

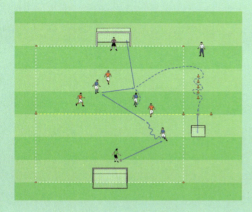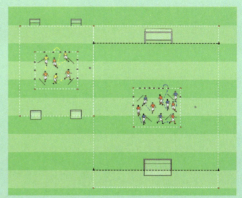

4v4加奖励门

场地与组织

> 划定如图所示的训练区域，在场边摆放5个标志盘，划定1条射门线，并在线外4米处摆放小球门

规则与目标

> 4v4对抗。球越过中线后，进攻方才能射门得分。守门员只能短传开球：短传给队友、手发地滚球或自己带球

> 若一方取得进球，根据教练员的口令，进球球员需要倒退穿过标志盘，并把球传进小球门。进球作为额外奖励，计入对抗总分。比赛同时继续进行

变化与进阶

> 爬行姿态或在标志盘边完成1个前滚翻或后滚翻

> 5v5或3v3对抗

> 不断变换新的奖励任务

> 被叫到的球员可以指定1名队友完成奖励任务

叠罗汉计分

场地与组织

> 划定如图所示的2块训练区域。在2个场区内都划定12×12米的正方形。正方形里摆放4个训练杆。在线上随机放10个标志盘。两个区域内各摆放1个球

规则与目标

> 大场地：蓝队追逐红队。双方都不能跨过训练杆。每次抓到1个红队球员，蓝队都能在场边拿1个标志盘，并叠放在一起。若蓝队能在1分钟之内把10个标志盘都叠在一起，则立即在场地内开始5v5对抗，且蓝队直接记作1：0领先（反之则红队记作1:0领先）。对抗中球不能进入场地中间的正方形区域。3分钟后结束对抗，所有球员回到正方区域内继续开始追逐游戏。这次角色互换，红队追逐蓝队。标志盘重新被随机分配在四条边上

> 小场地：3v3，其他规则和大场地内一样

> 一段时间后，所有球员重新分组。大场地内始终5v5对抗，小场地内始终3v3对抗

变化与进阶

> 12×12米的抓人区域可移动到场区其他位置

"基米希！
维尔纳！"

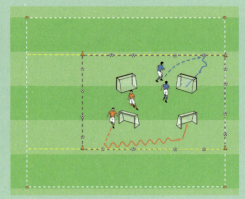

正方形带球

场地与组织

>划定 15 × 15 米的区域，并摆放 4 个小球门。设置 4 个不同颜色的正方形区域。将球员和球合理分配在球门周围

规则与目标

>教练员喊出 1 名职业球员的名字，每队第 1 个球员同时带球进入场区。球员需要带球穿过这名职业球员现役所属俱乐部颜色的正方形区域。完成带球后，球员可从其他 3 个球门当中选择任意一个完成射门

>小比赛：谁能最先取得进球

变化与进阶

>连续喊出 3 个职业球员的名字

>口令变换为足球俱乐部或不同的物体，球员需要根据口令选择对应的颜色。只用左脚或右脚带球

>在小正方形内完成 1 次假动作

两组 1v1 对抗

场地与组织

>划定 15 × 15 米的区域，并摆放 4 个小球门，球门朝向场区 4 个角

>在场地边摆放若干备用球

规则与目标

>同时进行 2 组不同的 1v1 对抗，球员可进攻任意球门。进球球员须迅速从场地外将下 1 个球带进场内继续对抗

>小比赛：所有球都用完以后，谁的进球最多

变化与进阶

>三组 1v1 对抗

>两组 1v2 对抗

>使用不同材质、大小的球

>教练员负责将备用球传进场内

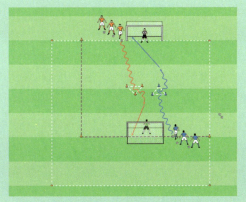 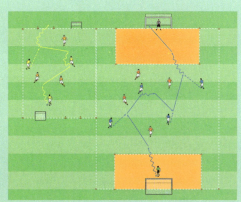

假动作三角

场地与组织

>划定 20 × 20 米的对抗区域，摆放 2 个球门并设置守门员。在场地中央用标志盘划定 2 个三角形区域。球员各持 1 球在球门边排队准备

规则与目标

>球员轮流带球进入三角形区域，在三角内做出一个假动作后完成射门，然后跑到对方队末排队
>小比赛 1：完成假动作记 1 分，进球记 1 分。谁能最先获得 16 分

变化与进阶

>小比赛 2：哪队能最先获得 26 分
>只用左脚或右脚完成假动作或射门
>划定 6 个三角形。所有球员同时带球进入三角形，完成假动作并根据口令同时完成射门

带球区和混合射门

场地与组织

>划定如图所示的训练区域。大场地两侧球门前划定 10 × 25 米的带球区。小场地两侧各摆放 1 个小球门和 1 个标志桶门

规则与目标

>大场地：结合带球区的 5v5 对抗。进攻方带球进入带球区将获记 1 分。进攻方只能在带球区里完成射门。防守球员和其他进攻球员不能进入带球区
>小场地：4 个小门的 3v3 对抗。每队进攻 2 个球门，并防守另外 2 个球门。标志桶作为小球门，只有带球越线才算得分
>进行一段时间后，球员交换场地

基础板块：传球

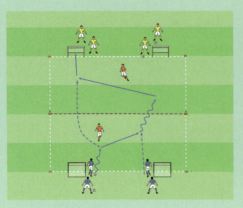 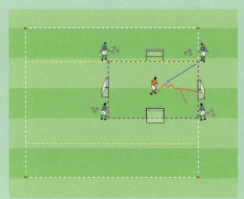

2v1+1连续进攻

场地与组织
>划定 20×15 米的对抗区域，摆放 4 个小球门，并划定 1 条中场
>将球员分为若干双人组，在如图所示位置准备

规则与目标
>2v1+1 对抗
>2 个球员（图中为蓝队）带球进场，进攻对方 2 个小球门，2 个红队球员防守
>红队防守球员不能离开自己的半场。进球或出界后，由另一底线的 2 个球员带球进场开始进攻（图中为黄队），以此类推，轮流进攻
>防守球员抢断后，可向对面 2 个小球门发起反击。2 名防守球员互相可以传球，但必须各自留在自己的半场里

变化与进阶
>通过变换中线的位置改变半场的大小
>防守球员反击时可进攻所有 4 个球门
>缩小防守球员可活动的区域

传球机器

场地与组织
>划定 10×10 米的训练区域，摆放 4 个小球门
>区域中间设置一个红队球员，4 名蓝队球员拿球分别站在场区的 4 个角上

规则与目标
>蓝队球员按顺序传球给场内球员，场内球员接球转身后，可将球踢进任意小球门
>一段时间后，中间球员进行轮换
>小比赛：3 分钟内谁的进球最多

变化与进阶
>场内球员只允许一脚出球
>给小球门分配不同的颜色，场内球员须根据教练员的口令将球打进对应小球门
>给 4 个角的传球球员分配固定颜色，由教练员来指定传球球员

基础板块：传球

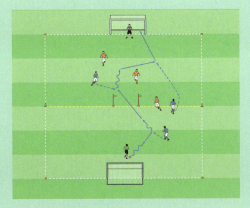 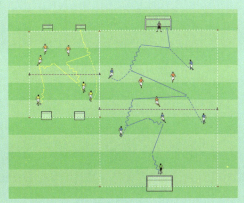

传球奖励分

场地与组织

>划定 35×35 米的对抗区域，并摆放 2 个球门
>中线上用 1 组标志杆建立 1 个球门

规则与目标

>4v4 对抗
>球越过中线后，进攻方才能射门得分。守门员只能短传开球：短传给队友、手发地滚球或自己带球。界外球可使用带球进场或短传发球
>进球之前，若进攻方将球穿越标志杆门传到队友脚下，最后的进球记 2 分

变化与进阶

>在中线两侧摆放 2 个标志杆门
>在场区内摆放 4 个小标志杆门
>3v3 或 5v5 对抗
>每次传球穿越标志杆门即记 1 分

两组以多打少

场地与组织

>划定如图所示的 2 片对抗区域

规则与目标

>大场地：6v4 对抗。球越过中线后，进攻方才能射门得分。界外球使用传球快发的方式。产生 3 个进球后，6 人队中的 2 人更换队伍，加入 4 人队
>小场地：4 个小球门的 4v2 对抗。每队进攻 2 个球门，并防守另外 2 个球门。球越过中线后，进攻方才能射门得分。界外球使用短传发球
>进行一段时间后，球员交换场地

变化与进阶

>大场地：4v4 加 2 名自由人对抗，自由人随持球方进攻
>小场地：3v2 或 3v1 对抗

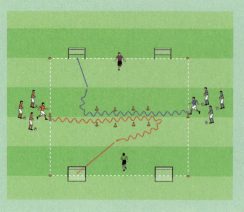

绕杆射门

场地与组织

>划定 20 × 15 米的对抗区域，摆放 4 个小球门

>场地中间摆放 2 排标志盘，每排 4 个，2 排标志盘保持较近的距离

>两侧守门员在小球门中间位置

>球员分为 2 队，每人 1 球在场地两侧边线准备

规则与目标

>球员轮流带球通过标志盘区域，随后选择自己半场的任意小球门完成射门。守门员须防守 2 个小球门。完成射门后球员重新到队末排队

>小比赛 1：2 队各设置 1 个守门员。5 分钟内哪队的进球最多

变化与进阶

>小比赛 2：谁的进球最多

>只用左脚或右脚带球和射门

>进攻球员可任意进攻所有 4 个球门

带球激活球门

场地与组织

>划定 28 × 22 米的对抗区域，摆放 4 个小球门并划定射门线。场地中间摆放 4 组斜对角的标志盘小门

>场区内设置 1 个防守球员，其他球员每人持 1 球

规则与目标

>所有持球球员在区域内自由带球

>带球通过标志盘小门后，可以在射门区外完成射门。防守球员需要防守 4 个小球门。若成功抢断，防守球员须带球通过任意一个标志盘小门，转换成为带球球员。丢球的球员自动转换为防守球员

>小比赛：谁的进球最多

变化与进阶

>将小球门和标志盘小门分配相应的颜色。带球通过标志盘小门后须把球射进对应相同颜色的小球门

>设置 1–2 个固定的防守球员

>防守小比赛：哪个防守球员完成角色转换（完成标志盘小门带球）次数最多

基础板块：射门

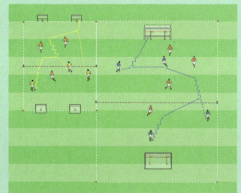

射门倒计时

场地与组织

> 划定 35 × 25 米的区域
> 将 2 个球门挪到场区内
> 球员分为 2 队，每人 1 球在球门边准备

规则与目标

> 教练员发出口令后，每组第 1 个球员带球并完成射门。每个球员有最多 5 秒时间完成射门，教练员负责倒数计时
> 完成射门后，球员到另一侧队末排队
> 小比赛：哪队的进球最多

变化与进阶

> 缩短球员射门调整的时间
> 在场地中间设置 1 个防守球员，抢断后可发起反击
> 左右脚交换带球和射门

射门区域及缩小的小球门

场地与组织

> 划定两片如图所示的对抗区域。大场地内，摆放 2 个球门，并用标志杆、弹力带等器材标记不同的射门命中区域。小场地内，在小球门内各摆放标志桶

规则与目标

> 大场地：5v5 对抗且不设守门员。球越过中线后，进攻方才能射门得分。界外球可使用带球进场或传球快发的方式。球门 4 个死角的进球记 3 分，中间区域的进球记 1 分
> 小场地：4 个球门的 3v3 对抗。每队进攻 2 个球门，并防守另外 2 个球门。球越过中线后，进攻方才能射门得分。界外球可使用带球进场或短传发球。进球若没有触碰到标志桶，记 2 分
> 进行一段时间后，球员交换场地

基础板块：自由对抗比赛

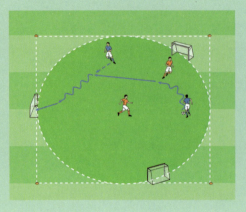 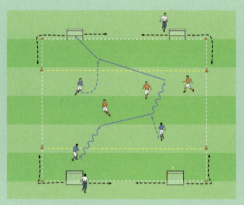

圆形区域的 2v2

场地与组织
>划定直径约 20 米的圆形对抗区域，
在线上摆放 3 个小球门

规则与目标
>3 个小球门的 2v2 对抗
>2 队可以任意进攻所有 3 个小球门
>界外球使用带球进场的方式

变化与进阶
>每队分配 1 个小球门，另 1 个为中立
球门
>增加第 4 个小球门
>旋转小球门的角度

移动小球门

场地与组织
>划定 28 × 22 米的区域，摆放 4 个小
球门并划定射门区域
>球员分为 2 队，每队 3 人

规则与目标
>3v3 对抗
>每队进攻 2 个球门并防守另 2 个球门
>球过射门线后进攻方才能射门得分
>界外球使用带球进场或短传发球
>在对抗中，教练员（或助理教练）
可以不断移动变换小球门的位置

变化与进阶
>2 队可以进攻所有 4 个小球门
>4v4 对抗
>不设置射门区

基础板块：自由对抗比赛

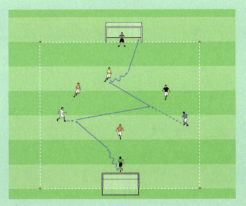 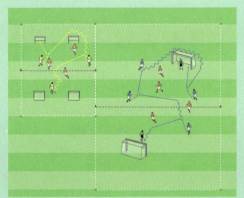

街头足球

场地与组织
> 划定 35 × 25 米的对抗区域
> 球员分为 2 队，每队 4 人，双方球员不设颜色分组

规则与目标
> 4v4 对抗
> 不对射门位置做任何限制
> 守门员发球的方式不受限制
> 界外球可使用带球进场或短传发球

提示
> 所有球员不穿分队背心，就像在街头自由踢球比赛一样

变化与进阶
> 将球员分为 4 队，分发 4 种不同颜色的分队背心。每次 2 支队伍之间进行比赛
> 将球员分为 4 队，分发 4 种不同颜色的分队背心。每次 2 队一起对抗另外 2 队。根据教练员口令，场上变换分队组合

冰球球门规则

场地与组织
> 划定如图所示的 2 个对抗区域。大场地内斜对角摆放 2 个大球门。小场地内摆放 4 个小球门

规则与目标
> 大场地：5v5 对抗。界外球可使用带球进场或传球快发的方式。比赛允许在球门背后继续进行
> 小场地：3v3 对抗。球越过射门线后，进攻方才能射门得分。界外球可使用带球进场或短传发球。比赛允许在球门背后继续进行
> 进行一段时间后，球员交换场地

变化与进阶
> 大场地：错开 2 个球门的位置
> 小场地：旋转小球门的角度

图书在版编目（CIP）数据

小场地 大变革 /（德）托马斯·施塔克著；明天，吴一尘译. — 上海：文汇出版社，2024. 8. — ISBN 978-7-5496-4304-2

Ⅰ . G843.2

中国国家版本馆CIP数据核字第2024ZM5825号

版权登记图字 09-2024-0604

小场地
大变革

著　　者 /（德）托马斯·施塔克
译　　者 / 明　天　吴一尘
责任编辑 / 熊　勇
封面设计 / 张　晋
装帧设计 / 王敏杰

出版发行 / 文汇出版社
　　　　　上海市威海路755号
　　　　　（邮编200041）
印刷装订 / 上海颛辉印刷厂有限公司
版　　次 / 2024年8月第1版
印　　次 / 2024年8月第1次印刷
开　　本 / 720×1000　1/16
字　　数 / 150千
印　　张 / 8.75

书　　号 / ISBN 978-7-5496-4304-2
定　　价 / 129.00元